가족이지만
우리 집은
회의를합니다

KODOMO KARA HANASHITAKU NARU "KAZOKU KAIGI"
NO HIMITSU
ⓒ Yasuko Tamaiko 2022
Illustrations copyright ⓒ kuboayako 2022
Korean translation rights arranged with BYAKUYA SHOBO
through Japan UNI Agency, Inc., Tokyo and AMO AGENCY,
Gyeonggi-do

이 책의 한국어판 저작권은 AMO에이전시를 통해 저작권자와 독점 계약한 모노하우스에 있습니다. 저작권법에 의해 한국 내에서 보호를 받는 저작물이므로 무단 전재와 무단 복제를 금합니다.

일러두기
본문에 나오는 연령은 만 나이로 표기했습니다.

가족이지만 우리 집은 회의를합니다

다마이코 야스코 지음
서지원 옮김

우리 집도 오늘부터 가족회의!

모노하우스

이 아이는 왜 말을 듣지 않을까?
전철과 공룡 이야기는 이제 지겨워.
아이 마음을 조금 더 이해할 수 있으면 좋을 텐데.

최근 부부 대화가 줄어든 것 같아.
남편 혹은 아내는 어떻게 생각할까?

여러분은 이런 고민을 한 적이 있나요?
매일 바쁘게, 열심히 살다 보면 가족과 마주 앉아 대화하는 데 어려움을 느낄 수 있습니다.

만약 이런 고민을 조금이라도 한 적이 있다면
10분만 가족회의를 열어보는 게 어떨까요?
부모와 자녀, 부부라는 명함은 일단 내려놓고
상대방의 목소리에 자세히 귀를 기울여봅니다.
처음에는 어색해도 괜찮습니다.

이런저런 이야기를 듣다 보면
가족의 새로운 일면을 발견하게 될 것입니다.
그리고 가족회의를 계속할수록 육아 스트레스가 풀리고
가족과 함께 보내는 시간이 훨씬 즐거워질 것입니다.

머리말

 안녕하세요. 가족회의 연구자 다마이코 야스코입니다. 가족회의 연구자가 무엇인지 궁금하시죠? 저도 이 책을 쓰면서 처음 이름 붙여봤습니다.

 저는 평소 양육과 육아, 복지 등을 주제 삼아 책과 잡지, 웹사이트 등에 기사를 쓰는 일을 합니다. 동시에 초등학교 6학년 아들, 초등학교 4학년 딸을 키우는 엄마이기도 합니다.

 우리 가족은 아들이 초등학교 1학년이었을 때부터 대화 방식을 바꾸고 가족회의를 시작했습니다. 그 뒤로 가족회의가 주는 즐거움에 빠져 가족회의를 하는 가정이 있다는 소문이 들리면 그 집을 방문하여 견학했습니다.

 가족회의를 널리 퍼뜨리기 위해 워크숍을 열고 부지

런히 가족회의를 연구하고 있던 차에 한 권의 책으로 정리할 기회를 얻었습니다.

그렇다면 가족회의란 대체 무엇일까요? 간단히 말하면 다양한 테마를 설정해서 가족이 함께 이야기하는 것입니다. 어른, 아이 할 것 없이 되도록 대등하게 의견을 나누는 게 기본입니다. 사회자를 정하거나 회의록을 작성하는 경우도 있습니다.

"일부러 집에서 회의까지 할 필요가 있어?"
"회의를 한다고 뭐가 달라져?"

이런 말들이 책 너머로 들려오는 듯하네요.

"아이들이 싫어하지 않을까?"
"우리 남편은 절대 참여 안 할 거야"
"무슨 이야기를 해야 할지 모르겠어"

워크숍에서 이렇게 말하는 분도 있었습니다. 그렇지요. 충분히 이해가 갑니다.

독자분들은 평소에 가족과 어떤 대화를 나누고 있나요? 학교와 직장에서 일어난 재밌는 일이나 불쾌한 일? 친구에게 들은 흥미로운 정보, 휴일 스케줄, 동네 소문? 아니면 TV 프로그램 내용?

적어도 제가 자란 가정에서는 그런 대화를 나누었습니다. 부모님과 세 살 위의 오빠, 저로 구성된 흔한 4인 가족이었는데 서로 잡담도 나누고 사이가 좋았습니다. 하지만 뒤집어 말하면 잡담 이외에 네 명이 이런저런 다양한 이야기를 하는 경우는 적었고 무언가 하나의 주제에 대해 깊은 의견을 나눈 적은 거의 없었습니다.

그게 이상하지는 않았습니다. 극히 평범한 가정이었다고 할 수 있습니다. 매일 함께 시간을 보냈고 어쨌든 상대방을 잘 알고 있으니 괜찮을 거라고 생각했습니다.

잡담만으로 가족을 이해할 수 없다

그러나 정작 결혼해서 새로운 가정을 만들어보니 가족을 이해하고 있다고 자만하는 것조차 꽤 어려운 일임을 깨달았습니다.

유감스럽게도 남편과는 자라온 환경이나 그 안에서 익힌 가정 규범과 사고방식이 다릅니다. 게다가 나의 배 속에서 나온 아이는 울기만 하는 외계인 같습니다. 귀엽고 사랑스럽지만 도저히 이해할 수 없습니다.

익숙하지 않은 육아와 일에 쫓겨 부부끼리 느긋하게 지낼 시간도 없습니다. 아이가 조금 더 자라도 마찬가지입니다. 아이를 서둘러 어린이집에 보내고 일을 한 후 시간에 맞춰 다시 데리러 가야 하고 휴일에는 공원에서 놀아줘야 합니다. 마치 온몸이 활활 불타오르는 상태로 매일매일 살아가는 것 같습니다.

아이가 초등학생이 되면 또 초등학생 부모로서 해야 할 일이 생깁니다.

"숙제했어?"

"안 했으면 빨리 해!"

왠지 가족과 대화를 전혀 하고 있지 않다는 생각이 점점 커졌습니다.

상대에게 요구하는 것, 기대하는 것, 알아주길 바라는 것을 말로 표현하기가 무척 어렵다고 느끼는 순간이 있습니다. 아마 독자분들도 이런 마음을 품은 적이 있기 때문에 이 책을 손에 들었겠지요.

마음을 전할 수 있는 자리를 만들자

앞으로 소개하겠지만 '가족회의'라는 한 단어로 정의해도 그 방식과 테마는 가족마다 다종다양합니다. 노트나 화이트보드에 일러스트 회의록을 쓰는 가족, 매번 카페에 가서 회의하는 가족도 있는가 하면 테마도 '부모와 자녀의 싸움', '타지 발령', '가사 분담', '인생 플랜'에 이르기까지 실로 가지각색입니다.

다만 공통점은 부모와 아이 모두 편안하게 마음을 전할 수 있는 자리가 있다는 것입니다. 어른들이 멋대로 판단하거나 부정하지 않는 상황에서 나오는 아이들의 발언은 하나같이 거침없고 개성적입니다. 때로는 핵심을 찔러 어른들에게 놀라움을 주기도 합니다.

"그래, 넌 그렇게 생각했구나"

"그런 시각도 재밌네!"

이런 식의 반응과 함께 이야기를 들어주면 아이들은 매우 뿌듯한 표정을 짓습니다. 무엇보다 가족 간에 사이가 무척 좋아집니다.

가족과 솔직하게 이야기하기 어렵다.
아이 마음을 잘 모르겠다.
가족과 함께 있기 괴롭다.

만약 이렇게 생각한 적이 있다면 이 책에 있는 여러 가족의 회의를 엿보는 게 어떨까요?

차례

머리말 · 06

서장 다마이코 가족

우리 집은 가족회의가 맞지 않는 걸까? · 21
'별로'를 입버릇처럼 달고 사는
초1 아들의 속내가 궁금해!
'별로, 그냥, 까먹었어'에서 벗어나고 싶어! · 22
가족과 대화를 더 많이 하고 싶어! · 24
첫 회의는 'NO'투성이 · 25
가족회의 여정을 떠나자 · 29

1장 에즈레 가족

독박 육아 해소로 나아가는 커다란 한 걸음 · 33
부모와 자녀의 싸움을 분석하는 가족회의
거대한 화이트보드에 적힌 '싸움 회의' · 34

싸울 때 하던 행동을 귀엽게 설명하다 · 35
엄마가 화내는 방식에는 네 단계가 있어 · 38
어차피 싸울 거라면 잘 싸우자 · 40
일밖에 모르던 남편에게도 변화가…! · 42
힘든 일이 있으면 가족회의를 하자 · 44
에즈레 가족에게 배울 점 · 47

2장 우치다 가족

아빠가 타지로 발령받다! · 51
학교 가기 싫어!
아이 감정을 연구하는 가족회의
갑작스러운 인사 발령에 충격 · 52
감정 변화를 연구하는 가족회의 · 53
놀람, 슬픔, 짜증, 용기를 의인화 · 56
당사자연구가 밑바탕에 있는 가족회의 · 57
민감한 고민은 우선 일대일로 대응하자 · 59
문제와 상관없는 이야기를 해도 된다 · 61
안심할 수 있는 방법을 함께 생각하자 · 62
일상 대화를 가족회의처럼 · 65
우치다 가족에게 배울 점 · 66

3장 시바타 가족

우리는 마음을 터놓는 원팀이 될 수 있을까?	·69
엄마의 재혼! 재혼 가정의 가족회의	
세 번째 페이지에서 생각해보자	·72
결혼 전부터 시작한 가족회의	·74
지바로 돌아가고 싶어! 결혼 안 했으면 좋았을 텐데	·76
격렬한 감정도 테이블 위에 올려두자	·78
가족이 하고 싶은 일을 함께 응원하기	·80
부모와 자녀가 서로 고민을 상담하는 관계	·83
시바타 가족에게 배울 점	·86
가족과 성을 이야기할 수 있을까?	·88

4장 다마이코 가족

울컥이가 원인이었다?	·99
아들의 떼쓰기 발발로 긴급 가족회의	
아들이 떼를 써서 아침부터 대폭발!	·100
시간 순서대로 마음을 분석하기	·102
화이트보드로 가족회의를 재밌게 해보자	·108
어떻게 시작할까? 가족회의 비결	·112

자리 만들기	·114
회의록 작성 방법	·115
테마 결정	·118
규칙1 화내지 않는다	·118
규칙2 어른이 대변하지 않는다	·120
규칙3 지겨우면 끝낸다	·121
규칙4 단번에 해결책을 찾지 않는다	·122
제안해도 시큰둥한 가족은 어떻게 해야 할까?	·123

5장 사토 가족

스스로 생각하고 행동하는 사람 되기! 세상을 바꾸는 가족회의?	·131
가족회의를 하며 자란 아이들의 대활약	·133
이상적인 집을 만드는 대규모 가족회의	·135
실패 경험에서 배우게 만들겠다는 각오를 다지자	·138
3세 때부터 대화하는 습관을 만들자	·149
개인의 과제에서 세상의 과제로	·142
과제 해결을 위해 동료를 늘리자	·143
아이들이 자유롭게 도전할 수 있도록	·145
사토 가족에게 배울 점	·147

6장 나카가와 가족

성인이 된 이후 의의를 더욱 실감하다 · 151
사춘기 남자아이에게 프레젠테이션 요구!
금전 교육 회의
중학생 남자아이와 잡담하기가 어려워 · 152
가족 대화에 필요한 건 형식 · 153
매주 일요일 아침은 고메다 커피로 집합! · 154
가족회의에서 실행하는 금전 교육 · 157
스마트폰을 원한다면 프레젠테이션을! · 159
거의 반응하지 않는 반항기에도 가족회의에 참여 · 161
아들의 선택은 전부 신뢰할 수 있어 · 163
나카가와 가족에게 배울 점 · 165

7장 와카이 가족

꿈을 위해 어떻게 움직일까? · 167
장래를 내다보는 인생 플랜 회의
부부가 양육관을 조율한다 · 171

작은 꿈이 인생 지침으로	·173
장래 희망 '스파이'를 있는 힘껏 응원?	·175
가족회의로 아이의 세계관을 넓히자	·177
꿈은 무엇이든 여러 번이든 바뀌어도 돼	·181
와카이 가족에게 배울 점	·184

최종장 다마이코 가족

가족을 더욱 사랑하자	·189
딸이 2년 후에 털어놓은 속마음	·192
친정에서 첫 가족회의	·196
가족회의가 더 이상 필요 없어지는 게 최종 목표	·200

맺음말 ·205

서장 다마이코 가족

우리 집은 가족회의가
맞지 않는 걸까?
'별로'를 입버릇처럼 달고 사는
초1 아들의 속내가 궁금해!

가족 구성

아빠 아키히로
엄마 야스코
아들 다몬(7세)
딸 하스미(5세)

서장
다마이코 가족

 다른 가정의 가족회의를 소개하기 전에 우선 제가 왜, 그리고 어떻게 가족회의를 시작했는지 이야기하고 싶습니다.

 가족회의를 시작한 계기는 초등학교에 입학한 지 얼마 안 된 아들 때문이었습니다. 새로운 환경에 적응하는 게 서툴렀던 아들은 전형적인 '집에서는 큰소리쳐도 밖에서는 말 한마디 못 하는 아이'였습니다.

 초등학교에 들어가 어떻게 하루하루를 보내는지 계속 신경이 쓰여 종종 하교한 아들을 붙잡고 질문을 던졌습니다.

'별로, 그냥, 까먹었어'에서 벗어나고 싶어!

엄마 잘 다녀왔어? 학교는 어땠어? 재밌는 일 있었어?
아들 별로 없었어.

엄마 급식 맛있었어?
아들 그냥 그랬어.

엄마 뭐가 나왔는데?
아들 까먹었어.

엄마 오늘은 뭐 배웠어?
아들 까먹었어!

 이런 대화가 매일 같이 반복되었습니다. 마치 벽을 보고 대화하는 것 같았지요.
 아들은 책가방을 두고 바로 근처에 있는 공원으로 놀러 가버립니다. '친구가 생겼고 나름 재밌게 지내고 있으니까 걱정할 것 없겠지'라고 생각하면서도 벌써부터 사춘기 중학생 같은 태도에 당혹스러웠습니다.
 아들은 어릴 적부터 자주 울었습니다. 유아기에는 잠

들기 어려워해서 매일 밤 큰 소리로 울었지요. 게다가 두 살 차이 나는 여동생이 태어난 이후로는 떼쓰기가 점점 더 심해졌습니다. 무엇이 마음에 안 드는지 한 번 불이 붙으면 아무리 달래도 울음을 그치지 않았습니다.

그것이 퇴행 행동이라는 걸 머리로는 알았지만, 막상 자기 마음대로 되지 않으면 금세 떼를 쓰는 아들을 눈앞에 두니 양육 방식이 잘못된 것 아닌가 하는 고민에 빠졌습니다.

아이 마음을 이해하고 싶다.

예전부터 줄곧 제 마음속에 이런 소망이 있었습니다. 그런데 해결책을 발견하지 못한 채 필사적으로 육아를 하는 사이, 어느덧 아들은 초등학생이 되었고 결국 '별로, 그냥, 까먹었어' 같은 대화가 탄생한 것입니다.

물론 밝은 모습을 보일 때도 있습니다. 하지만 기분이 상하면 여동생에게 심술을 부리거나 언짢은 태도를 보이고 눈물을 머금은 채 입을 닫습니다. 무슨 일이 있었는지 물어봐도 좀처럼 이야기해주지 않아 속이 탑니다.

가족과 대화를 더 많이 하고 싶어!

이대로는 안 되겠어.

이 무렵 가족회의 회의록을 정기적으로 트위터에 올리는 모히칸 씨의 트위터가 세간의 주목을 받았습니다(『무엇이든 해결! 모히칸가의 가족회의(와니북스 간행)』라는 서적으로 출간되었습니다).

부모와 자녀 두 명, 할머니로 구성된 5인 가족인데 회의에서 이번 달과 지난 달 목표를 발표한다고 합니다. 그 과정에서 아이들이 하는 발언이 아주 재밌고, 또 따뜻한 가족의 애정을 느낄 수 있는 멋진 회의입니다.

이런 식으로 대화하면 좋겠다 싶어서 어느 날 업무 중인 남편에게 메일을 보냈습니다. 여담이지만 이 무렵 남편과는 중요한 이야기를 대부분 메일로 주고받았습니다. 육아 상담, 스케줄 조정, 조금 이야기하기 어렵지만 상대에게 해야 할 말, 얼굴을 마주하면 싸울 것 같은 문제를 메일로 전하면 한 템포 쉴 틈이 있고 상대방도 자기 페이스에 맞게 내용을 알게 되어 차분해질 수 있기 때문입니다.

남편이 어떻게 반응할까 주저하면서도 "가족회의를 해보지 않을래?" 하고 한마디 제안해보았습니다. 자세하게 설명하지 않았는데도 바로 답장이 왔습니다.

"그러자. 주말에 할까?"

어라? 남편도 가족과 대화를 많이 하고 싶었구나. 너무 바빠서 주로 사무적인 연락만 해왔던 터라 왠지 모르게 기뻤습니다.

"회의 자료를 만들어 봤어" 다음 날 남편은 종이 한 장을 보여주었습니다.

첫 회의는 'NO'투성이

<가족회의>
- 이번 주 있었던 일
- 이번 주 좋았던 일, 기뻤던 일
- 이번 주 싫었던 일, 지루했던 일
- 다음에 가고 싶은 곳, 갖고 싶은 것
- 다음 주 하고 싶은 일
- 가족 중 누군가 해주었으면 하는 일

남편은 회의 자료에 각자 답변을 적고 끝나면 발표를 하자고 제안했습니다. 우선 그렇게 해볼까?

그다음 주 주말, 저녁 식사를 한 뒤 휴식 시간에 아이들에게 말을 꺼냈고, 제1회 다마이코 가족회의가 열렸습니다. 이때 만든 규칙은 간단했습니다.

가족회의에서는 무슨 말을 해도 괜찮다.
무엇이든 좋으니까 말을 꺼내자.
다른 사람이 하는 말은 끝까지 듣자.

"좋아!" 딸이 기운차게 대답했습니다. 아들도 고개를 끄덕였습니다.

하지만 딸은 글자를 깨우친 지 얼마 안 되어 회의 자료에 있는 글자를 읽는 게 고작이었습니다. "이번 주가 뭐야? 내일이야?" 같은 질문을 던지며 멍한 표정을 지었습니다. 아들은 얼마 전에 들어간 야구팀 연습을 마치고 피곤한지 그다지 의욕을 보이지 않았습니다.

아들이 볼펜을 손에 쥐고 한 글자라도 쓰는 게 기뻤던 것도 잠시, 종이에 적힌 말은 온통 'NO, 없음, 없음'이었습니다. 오 마이 갓!

아들은 마지막에 배로 보이는 과일 그림(옮긴이주: 배와 없음은 일본어로 동음이의어)과 똥까지 그렸습니다. 딸도 오빠의 그림을 엿보더니 방긋 웃으며 큰 글씨로 '업음, 업음!'이라고 신나게 적었습니다. 울며 겨자

먹기로 그거라도 적어줘서 고맙다고 해야 하나.

차마 눈 뜨고 못 봐주겠네요. 다시 기록을 되짚어봐도 첫 가족회의는 쓴웃음만 나오는 형편없는 회의였습니다. 우리 집은 가족회의가 맞지 않는 걸까?

남편이 조금만 더 해보자고 말해주어서 1, 2주에 한 번 시간이 되는 주말 밤에 꿋꿋하게 가족회의를 열었습니다. 한동안 아이들은 적극적인 발언은 거의 하지 않았습니다.

하지만 부모가 업무, 기뻤던 일, 열심히 하고 싶은 일 등을 열정적으로 발표하니 아이들도 적응한 것인지 조금씩 말이 많아졌습니다.

아들   야구할 때 멋진 안타를 쳐서 기뻤어.
딸   할머니 만나고 싶어.
아들   밥 먹을 때 동생만 이야기하니까 기분 나빠.
딸   오빠 목소리가 시끄러워.

"그래, 좋은 안타였지? 연습 열심히 한 덕분이야"
"다음 연휴에 할머니 만나러 가자"
"아들은 식사 시간에 무슨 이야기하고 싶어?"
"오빠는 목소리가 크지?"

이런 말을 나눴습니다.

가족회의가 잘 굴러가든지 말든지 개의치 않고 반년 정도 계속하니 신기하게도 아들은 가족회의를 하지 않는 시간에도 말이 많아졌습니다. 제가 이것저것 질문을 하지 않아도 기분 나빴던 일, 기뻤던 일, 학교에서 있었던 일, 야구를 통해 느낀 점 등을 스스로 자연스럽게 이야기하기 시작한 것입니다. 당시 '어머, 수다쟁이가 다 됐네'라고 생각했던 기억이 납니다.

이런 아들의 모습을 보면서 깨달은 점이 있습니다.

단 10분만 어른들이 차분히 경청해줘도 아이들이 달라지는구나.

아이들은 정말 다양한 생각을 갖고 있구나.

부모가 아이의 생각을 성의껏 듣는 자세를 갖추면 되는구나.

가족회의 여정을 떠나자

시간이 흘러 다른 가정의 가족회의를 취재하면서 좋았던 점을 참고해 우리 가족의 회의 형태도 조금씩 변화했습니다. 잘되기도 하고 삐걱거리기도 했습니다. 싫증 난 적도 있고 잠시 그만두기도 했습니다. 여전히 일상에서 몇 번이고 싸우기도 했습니다. 그럼에도 가족회의를 접하기 전보다 대화가 훨씬 늘었습니다.

이 책에서는 우리 가족이 더듬어 간 가족회의 발자취와 그 과정에서 만난 다른 가족의 이야기를 함께 소개하겠습니다. 독자 여러분들도 함께 가족회의 여정을 떠나볼까요?

1장 에즈레 가족

독박 육아 해소로 나아가는 커다란 한 걸음

부모와 자녀의 싸움을 분석하는 가족회의

가족 구성

*첫 취재 당시

아빠 고타로
엄마 마키
딸 마야(9세)
아들 케이(1세)

1장
에즈레 가족

처음으로 다른 가족의 회의를 취재한 것은 5년 전입니다. 이 장에서 소개할 에즈레 가족이지요.

도쿄 근교 주택가에 사는 에즈레 가족과는 벌써 8년 정도 전부터 알던 사이입니다. 당시 육아 잡지를 편집하던 저는 포토그래퍼 에즈레 마키 씨와 함께 일하게 됐습니다. 마키 씨는 생명을 테마로 사진을 찍는 포토그래퍼인데, 제가 일하던 잡지에 출산 사진 에세이를 기고하면서 연이 닿았습니다. 같은 세대이기도 해서 친해졌지요.

어느 날 담소를 나누던 중에 가족회의를 자주 연다는

이야기를 들었습니다. 어떻게 가족회의를 해야 할지 방법을 모색하던 중 다른 가정에서는 어떻게 하는지 궁금했던 저는 곧장 에즈레 가족의 회의를 보여달라고 부탁했습니다.

"그럼요, 와도 돼요"

마키 씨의 초대를 받고 집 안으로 들어가자마자 깜짝 놀랐습니다. 거실 벽 한 면 전체가 화이트보드였기 때문입니다.

거대한 화이트보드에 적힌 '싸움 회의'

커다란 화이트보드는 딸 마야가 태어났을 때 마음껏 그림을 그리길 바라며 아빠 고타로 씨가 특별 주문한 것이라고 합니다. 무려 10만 엔이나 하는 화이트보드이지요. 마야가 네 살이었을 때 가족회의를 시작한 이후, 화이트보드는 이제 에즈레 가족에게 없어서는 안 될 물건입니다.

제가 방문한 날은 마키 씨와 초등학교 3학년 딸 마야 사이에 벌어진 모녀 싸움에 대한 기록이 화이트보드에 생생하게 남아 있었습니다.

가족회의에서 모녀 싸움을 이야기한다고? 우리 집에

서는 크게 싸우면 며칠간 딱딱한 분위기가 지속되다가, 서로 화가 가라앉고 나서야 겨우 아무 일도 없었다는 듯이 행동하며 시간을 흘려보내는데…. 아직 상대방에 대한 불만이 쌓여 있는 상태에서 싸움을 다시 들추어내다니. 오히려 더 크게 싸우지 않을까?

"차분해지는 데 한두 시간은 필요한 것 같아요. 하지만 싸울 당시의 감정을 잊어버리면 나중에는 솔직한 의견이 나오지 않으니까 차분해지면 바로 돌이켜 보기로 했어요" 마키 씨가 아무렇지도 않게 설명했습니다.

마야도 옆에서 고개를 끄덕였습니다. 대체 어떻게 싸움을 돌이켜 보는 걸까요?

싸울 때 하던 행동을 귀엽게 설명하다

화이트보드에는 '싸움 회의'라는 단어가 적혀 있습니다.

마키 엄마가 한마디 하면 마야는 항상 왁! 하고 짜증 내는 것 같아. 짜증내기 전에 엄마 말을 잘 들어줬으면 좋겠어.
마야 엄마, 마야가 하는 말 무시하지 말고 잘 들어줘.

그리고 계속 투덜거리지 마.

마치 싸움의 연장선상 같네요. 하지만 화이트보드에 열심히 글을 적는 마야의 모습을 상상하니 절로 미소가 나옵니다. 그리고 마야는 일러스트를 그리며 이렇게 적었습니다.

"싸울 때 엄마가 투덜거리면 패닉이가 레벨 업해"

얼굴에 짜증이 가득 서려 있는 사람(엄마)이 쏘는 '투덜투덜 빔'을 맞으면 패닉이는 거대해진다고 합니다. 즉 엄마가 주의를 줄 때 마야가 왁! 하고 짜증 내는 이유는 엄마의 '투덜투덜 빔' 때문인 것입니다.
"그렇구나. 엄마가 투덜대면 패닉이가 레벨 업하는구나. 역효과였네" 싸움을 돌이켜 보던 마키 씨는 마야의 귀여운 설명에 웃음을 감추지 못했습니다.
화이트보드에 적힌 두 사람의 의견을 살펴보니 상대방에게 그저 화만 내고 싸우는 게 아니라 서로 이야기를 들어주길 바란다는 걸 알 수 있었습니다.
에즈레 가족의 싸움 회의는 누가 나쁜지 비교하며 범인을 찾거나 상대방을 한 번 더 비난하기 위한 회의가 아닙니다.

싸움이 벌어졌을 때 각자 어떤 행동을 하는 버릇이 있는지, 버릇이 어떻게 발전하는지 회의에서 확인하고 말로 잘 표현하지 못하는 마음과 감정을 자세히 물어봅니다. 처음에는 아직 상대방에 대한 서운함도 남아 있을 테지요. 하지만 회의를 하는 사이에 점점 차분해집니다.

두 사람이 싸울 때 감정이 어떻게 변화하는지 화이트보드를 통해 관찰할 수 있어 매우 흥미로웠습니다.

엄마가 화내는 방식에는 네 단계가 있어

과거에 있었던 싸움 회의의 기록을 보던 중 이런 글을 발견했습니다.

<엄마의 기분에 대하여>
엄마가 화내는 방식에는 네 단계가 있다.
- 주의를 준다.
- 차분하게 화낸다.
- 기분이 나빠진다.
- 폭발한다.

마치 제 이야기 같네요. 엄마들이 화내는 방식에는 여러 단계와 다양한 양상이 있는 법이지요.

같은 날 회의록에는 이런 대화 내용도 기록되었습니다.

마야   숙제를 대충 하고 있다고 엄마가 혼을 냈다. 엄마는 어떨 때는 숙제를 미뤘다고 주의만 주고 어떨 때는 갑자기 화낼 때도 있다. 왜 다른 걸까?

마키 마야가 숙제를 안 했어도 엄마가 기분이 좋으면 차분히 주의를 주게 돼. 하지만 기분이 안 좋으면 단순히 목소리만 높이는 게 아니라 화를 내게 되지.

마야 언제 기분이 안 좋은데?

마키 마야가 자꾸 숙제를 귀찮아하기만 해서 몇 번이나 주의를 줘야 할 때. 그렇게 주의를 줘도 소용이 없으면 맥이 풀려.

마야 엄마는 귀찮은 일 없어?

마키 있지. 마야의 숙제를 봐주는 일, 빨래 개는 일 같은 거. 엄마가 왁! 하고 화내는 건 몸이 안 좋을 때라서 그럴 수 있어. 그러니까 엄마가 화내면 머리 아프냐고 물어줘.

마야 싫어! 화내고 있는데 어떻게 물어봐. 무서워.

마키 그럼 엄마가 짜증 내는 것 같으면 괜찮아? 하고 메모 한 장 써줘.

마야 알았어. 그 정도는 할 수 있어. 그렇지만 나도 공부 열심히 하고 있으니까 너무 재촉하지 마.

마키 알았어!

결론 엄마가 기분이 안 좋을 때나 몸이 안 좋을 때는 주의가 필요함. 자주 폭발하지는 않지만 그래도 보기 안 좋으니까 폭발하지 말아줘.

갑작스럽지만 귀여운 결론에 무심코 미소가 지어졌습니다.

기분이 안 좋을 때나 몸이 안 좋을 때는 주의가 필요함. 저도 특히 이 말에 깊이 공감했습니다. 아마 많은 부모님들도 짚이는 데가 있을 겁니다. 아이들 앞에서 폭발하지 않도록 조심해야겠죠.

이날 에즈레 가족의 회의 테마는 어디까지나 '숙제를 미루는 딸 혼내기'가 아니라 '엄마의 기분 분석'이었습니다. 정말 신선한 회의이지요?

어차피 싸울 거라면 잘 싸우자

에즈레 가족의 메모를 읽고 파악한 점이 있습니다. 가족회의에서는 '엄마→아이'라는 일방향 화살표가 사라지고, 싸우기보다는 서로의 견해를 차분하게 분석한다는 것입니다. 아이 혼자 반성하게 만들거나 좋은 아이가 되기만을 요구하지 않습니다. 부모와 자녀 모두가 서로의 약점, 몸에 익은 버릇을 대등하게 전합니다.

숙제를 하지 않는 아이에게 주의를 주는 건 부모의 역할이라고 여기는 분도 있지요? 물론 그렇습니다. 하지만 주의를 주는 데서 끝내지 않고 숙제와 관련 없는 일까지 꺼내서 계속 잔소리하거나, 기분과 몸 상태 탓에 평소보다 심하게 혼낸 적은 없었을까요? 전 자주 그렇게 합니다. 그러다 보면 결국은 싸움이 벌어집니다. 마야가 한 말처럼 아이들은 이 차이를 분명하게 구분합니다.

부모가 항상 차분하게 주의를 줄 수 있을 정도로 가족의 상황이란 단순하지 않습니다. 언제나 완벽한 부모이고 싶어도 완벽하지 않지요. 그렇다면 차라리 과감하게 아이에게 "엄마는 이렇게 할 때가 있어"라고 지적받는 편이 낫습니다.

"그래. 엄마가 피곤해서 화를 냈나 보네. 그러니까 엄마가 피곤한가 보다 하고 너그럽게 봐줘"

이렇게 어른이 약한 소리를 해도 되지 않을까요? 가족이니까요. 에즈레 가족의 '싸움 회의' 핵심에는 바로 이런 사고방식이 있습니다.

"가족 간의 싸움은 사라지지 않아요. 그러니 차라리

잘 싸우려면 어떻게 해야 할지 매번 고민하는 게 나아요" 마키 씨가 덧붙여 말했습니다.

잘 싸우는 방법이라…. 육아 실패로 상처받았던 저는 에즈레 가족의 유연한 발상과 모녀 관계를 통해 위로를 받은 것 같았습니다. 괜찮아. 잘될 거야.

일밖에 모르던 남편에게도 변화가…!

모녀의 '싸움 회의'가 자주 열린 시기는 남동생 케이가 막 태어났을 즈음입니다. 아빠 고타로 씨는 격무에 시달려 매일 심야에 귀가했습니다. 마키 씨가 짜증을 내거나 기분이 좋지 않아 모녀 싸움이 빈발한 데에는 혼자 육아와 가사를 부담하는 이른바 '독박 육아' 상태였던 것도 크게 작용했습니다.

그래서 마키 씨는 화이트보드에 적힌 회의록을 사진으로 찍어 열심히 고타로 씨에게 보냈습니다. 바쁜 남편은 '좋아요' 이모티콘을 보내는 게 고작이었습니다.

그럼에도 굴하지 않고 귀가 후와 주말에 "이런 이야기가 나왔다" 하고 가족회의 내용을 전달하자 고타로 씨도 점점 적극적으로 이야기를 듣기 시작했습니다.

"바빠서 참여는 하지 못해도 회의 내용을 듣는 게 무척 흥미로웠어요. 들으면서 '재밌네, 아이들은 이렇게 생각하는구나' 하고 감탄했어요" 고타로 씨는 당시 상황을 이렇게 전했습니다.

독박 육아의 어려움을 남편에게 털어놓는 데 그치지 않고 '가족회의 보고'라는 형식으로 상황을 공유한 것은 마키 씨에게도 커다란 의미가 있었습니다.

"왜 나만 고생하지 싶어 짜증이 났는데, 가족회의에서 이야기하고 수면 부족이 가장 큰 원인이었다는 걸 알게 된 후로는 차분해졌어요. 점차 남편도 흥미를 느껴 회의에 참여하기 시작했고, 몇 년 후에는 남편이 이직해서 귀가 시간도 빨라졌어요"

무엇보다 마키 씨 본인이 마야의 발상과 발언 자체를 즐겁게 받아들이게 되면서 육아가 훨씬 수월해졌다고 합니다.

힘든 일이 있으면 가족회의를 하자

그 이후 아들 케이도 자랐고 고타로 씨도 가끔 회의에 참여하면서 에즈레 가족의 회의는 더욱 활기를 띠었습니다.

여덟 살 차이 나는 남동생을 보살피면서도 한편으로는 자신도 부모님에게 어리광을 부리고 싶은 마야의 내적 갈등이나 반 친구에게 놀림을 받았을 때 느꼈던 기분을 분석하고, 어른과 아이 가릴 것 없이 모두가 거짓말을 하는 이유를 토론하기도 했습니다. 대체로 마야에게 힘든 일이 일어났을 때 가족회의가 시작됩니다.

이제까지 열린 회의의 제목은 다음과 같습니다.

- 자기중심적인 사람과 사귀는 방법
- 남동생의 미운 점을 생각해보기
- 스트레스 받는 일
- 괴롭히는 아이에 대하여
- 잘 삐지는 방법은 무엇일까?
- 남매 싸움
- 거짓말 연구

전부 재밌어 보입니다. 저도 슬쩍 참여해서 들여다보고 싶네요.

남매 싸움 회의에서 남동생 케이는 자신이 누나를 어떻게 생각하는지 전했다고 합니다.

"누나와 놀고 싶어"

케이는 누나를 좋아해서 괜히 성가시게 굴었던 것입니다. 케이는 언제나 눈을 크게 뜨고 누나와 부모님이 나누는 이런저런 이야기를 유심히 듣습니다.

매일 함께 생활하면 부부간에, 부모와 자녀 간에 마찰이 일어나기 마련입니다. 게다가 육아로 바쁜 시기에 부부 중 한 명에게 부담이 쏠리면 당연히 불만이 쌓입니다.

하지만 거실에 있는 화이트보드에 그림을 그리고, 상

대방을 차분하게 바라보면서 자기 자신을 냉정하게 파악한다면 가정에 웃음꽃이 필 것입니다.

마키 씨는 무슨 일이 생기든 가족회의를 하면 된다고 생각하니 가족 관계가 편해졌다고 합니다. "이제는 가족회의 없이 사이좋게 지내는 방법을 모르겠어요. 다들 어떻게 가족회의를 안 하고 사는지 배우고 싶은 정도라니까요"

가족회의는 에즈레 가족에게 없어서는 안 될 생활의 일부가 되었습니다.

에즈레 가족에게 배울 점

에즈레 가족 회의의 특징은 무엇보다도 독특하고 재밌는 테마 설정입니다. 부모와 자녀의 싸움, 남매 싸움, 거짓말하는 방법, 숙제 미루기 등 일반적으로는 아이를 혼내고 끝낼 문제를 일부러 회의의 테마로 다룹니다. 그리고 부모와 자녀가 대등한 입장에서 무척 능숙하게 분석합니다.

어른들의 눈높이에서 좋고 싫음, 정답과 오답을 판단하지 않고 아이들의 눈높이에서 보이는 것을 있는 그대로 보고 듣는 게 포인트입니다.

에즈레 가족의 회의에서 따라 하고 싶은 점은 세 가지입니다.

- 아이가 힘들어할 때 회의를 재빨리 연다.
- 일러스트를 섞어서 재밌게 회의록을 작성한다.
- 아이의 시선을 즐긴다.

문제가 일어났을 때 힘들어하는 당사자는 아이입니다. 그렇기 때문에 아이의 견해를 듣고, 아이의 발언을 즐겁게 받아들일 필요가 있습니다.

저도 부모로서 에즈레 가족의 회의 스타일에서 많은 것을 배웠습니다.

참고로 마야는 초등학생 때 숫기가 없는 아이였지만 지금은 반장에 입후보하는 등 자신의 마음을 잘 표현하는 중학생이 되었습니다. 가족회의를 통해 성장한 모습을 보니 가슴이 뭉클해졌습니다.

2장 우치다 가족

아빠가 타지로 발령받다!

학교 가기 싫어!

아이의 감정을 연구하는 가족회의

가족 구성

*첫 취재 당시

아빠 겐야
엄마 아즈사
아들 이쿠무(8세)
딸 이치노(6세)

2장
우치다 가족

 가족과 함께 살다 보면 다양한 일이 일어납니다. 즐거운 일도 있지만 실망스러워 눈물이 나오거나 어찌할 바를 몰라 쩔쩔매는 경우도 있습니다.

 가족은 좋든 싫든 인생의 전환점이 될 커다란 변화와 문제를 공유합니다. 하지만 선택의 갈림길에 서 있을 때 결정권을 쥔 사람은 대부분 어른입니다. 부모가 의사 결정한 것을 전달할 때 아이가 "NO"라고 말할 여지는 없습니다.

 그러나 아이도 가족의 소중한 일원입니다. 큰 변화를 앞두고 아이의 생각을 정성껏 들어주고 진심으로 공감해주는 가족을 만났습니다. 바로 홋카이도에 사는 우치다 가족입니다.

갑작스러운 인사 발령에 충격

"우치다 가족이 회의하는 이야기를 들어보면 참 재밌어"

2년 반 전 지인에게 우치다 가족을 소개받고 삿포로까지 날아갔습니다. 아빠 겐야 씨가 아사히카와시에 발령받은 지 1년이 지난 시점이었습니다.

이날은 일주일 만에 겐야 씨가 삿포로로 돌아온 날이었습니다. '아빠가 타지에 발령받은 지 1년이 지났어. 어떻게 생각해?'라는 제목의 가족회의가 열렸습니다.

대다수의 기업은 갑작스럽게 인사 발령을 합니다. 가족들은 충격을 받았지만 직장인이 발령을 거부할 수는 없었습니다.

그러나 초등학교 2학년 진급을 앞두고 이제 겨우 학교에 적응한 아들 이쿠무, 아직 어린이집에 다니는 딸 이치노, 그리고 정신과 소셜 워커 아즈사 씨가 2주 후에 급히 거처를 옮길 수 있을 리 없었습니다. 그래서 어쩔 수 없이 아빠 혼자 가기로 했습니다.

주말마다 아빠가 편도 3시간을 이동하여 삿포로에 돌아오기는 하지만 함께할 수 있는 시간은 일주일에 고작 이틀입니다. 겐야 씨의 부재는 가족에게 어떤 영향을 주었을까요?

"그럼 지금부터 아빠가 타지로 발령받은 상황에 대해 연구해보자!"

연구? 가족회의에서 무엇을 연구하는 걸까요?

감정 변화를 연구하는 가족회의

네 명이 둘러앉은 테이블에 이쿠무가 노트를 펼쳤습니다.

이쿠무	아빠가 떠난 뒤로 생긴 고민이 있으면 말해주세요.
이치노	고민이 뭐야?
아즈사	고민이란 힘들어하는 거야.
이치노	아빠가 떠나서 힘든 거? 음, 난 별로 없어!

회의 초반부터 웃음이 넘쳐났습니다. 다시 분위기를 바로잡고 겐야 씨가 말을 꺼냈습니다.

겐야 아빠는 힘든 거 있어. 이쿠무, 이치노와 거의 대화를 못 하잖아.

아즈사 엄마는 외로워. 예전에는 일 때문에 피곤해도 아빠와 이야기하면 싹 풀렸는데 지금은 그렇게 못하니까. 항상 피곤해서 밤에도 푹 못 자는 것 같아.

이쿠무 나도 그래. 1층 화장실 가는 길이 어두컴컴해서 무서워. 그리고 엄마가 피곤해서 아침에 늦잠 자니까 나도 지각할 것 같아. 또 예전에는 아빠랑 같이 학교 갔는데 지금은 혼자야.

겐야 씨는 우치다 가족에게 없어서는 안 될 존재인 듯합니다. 따로 떨어져 살게 되면서 모두의 마음에 커다란 구멍을 만들었습니다(아직 어리고 천진난만한 이치노는 차치하고요!).

각자 속마음을 드러낸 후에도 연구는 계속됩니다.

이쿠무 그러면 다음으로 아빠가 없어서 좋은 점은?

없어서 좋은 점? 숙연해진 분위기가 확 달라졌습니다.

겐야   아빠가 먼저 이야기할게. 이치노가 아빠에게 상냥하게 대해주는 것 같아. 이치노는 어때?
이치노   응, 예전에는 내가 아빠를 괴롭혔지. 지금은 허그해!

겐야 씨가 말을 꺼내자 이치노는 얼굴에 한가득 미소를 지으며 아빠에게 어리광을 부렸습니다. 정말 귀여운 딸이네요.

이쿠무   아빠를 가끔 만나니까 그렇지? 아빠가 떠난 이후로 이치노는 아기가 된 것 같아. 나는 아빠가 없어서 더 힘낼 수 있었고, 할 수 있는 일이 많아졌어.

이쿠무는 여동생을 냉철하게 관찰한 모양입니다.

놀람, 슬픔, 짜증, 용기를 의인화

이쿠무는 아빠를 잘 따르는 아이입니다. 타지 발령이 결정되고 누구보다 쓸쓸해하고 반대했던 사람은 이쿠무였지요. 부부는 이쿠무가 아빠의 발령을 어떻게 여길지 줄곧 걱정했습니다.

이쿠무는 발령이 결정된 이후 겪은 감정의 변화를 노트에 그림으로 그려 몇 번이나 감정을 연구했습니다.

"아빠가 3주 후에 짐을 옮긴다는 사실을 알고 내 마음에 놀람이(눈을 크게 뜨고 입을 동그랗게 벌리며 손을 버둥거리는 여자아이의 모습)가 찾아왔다. 그 이후 놀람이는 짜증이로 바뀌었다" 짜증이는 머리에 뿔을 세운 채 심하게 화를 내는 모습이었습니다.

무엇이 짜증 났는지 묻자 이쿠무는 이렇게 대답했습니다. "아빠가 발령을 거절하지 않은 것. 여기 있고 싶다고 (회사에) 말하지 않은 것. 그리고 짜증이는 슬픔이로 바뀌었어. 아빠가 진짜 가버렸으니까. 슬픔이는 짜증이의 진화형이야"

슬픔은 짜증의 진화형, 즉 짜증 속에는 슬픔이 있음을 이쿠무는 본능적으로 이해했습니다.

"마지막으로 파이팅군이 찾아왔어. 아빠가 없어서 슬

프고 무섭지만 파이팅하자고 이야기해줘. 그러면 짜증이도, 슬픔이도 사라져. 파이팅군은 그런 역할을 해줘"

아빠가 떠나자 아들의 마음에 여러 감정이 휘몰아쳤습니다. 이쿠무는 감정에 이름을 붙여 존재를 인정했고, 마지막에는 자신의 마음속에 솟아난 용기를 훌륭하게 표현했습니다.

초등학교 2학년이 이렇게까지 감정 변화와 동요를 객관적으로 이해할 수 있다니, 놀라울 따름입니다.

당사자연구가 밑바탕에 있는 가족회의

감정 연구의 밑바탕에는 정신과 소셜 워커인 아즈사 씨가 업무에 활용하는 '당사자연구' 기법이 있습니다.

당사자연구는 원래 홋카이도 우라카와라는 마을에서 탄생했습니다. 정신 질환이 있는 사람들이 고민과 감정을 자신의 인격과 따로 떼어 살펴보고 이를 같은 투병 환자 및 지지자 앞에서 발표, 공유함으로써 질환을 가진 사람이 자신을 인정하고 인생을 소중히 여기며 살아가자는 것입니다. 당사자연구에서는 감정을 객관적으로 파악하기 위해 종종 캐릭터를 그립니다.

아즈사 씨가 "전문적인 내용은 전혀 가르쳐주지 않았지만, 자기 자신과 문제를 분리해서 감정을 캐릭터로 묘사하는 방법을 아이들이 쉽게 받아들인 것 같아요"라고 이야기했듯이 이쿠무는 학교에 가기 싫어하던 초등학교 1학년 때부터 아즈사 씨와 감정 연구를 계속해왔습니다.

슬픈 일과 어려운 일이 일어났을 때 사람들은 부정적인 감정에 사로잡히기 십상입니다.

"싫어!"

"슬퍼"

"무서워"

"최악이야"

하지만 구체적으로 어떻게 싫은지, 일이 잘 풀릴 때는 기분이 어떻게 변화하는지 하나하나 잘 살펴보면 내면에 자신을 격려하고 지탱해주는 마음이 존재한다는 것을 알게 됩니다. 이쿠무처럼 각각의 감정에 생명을 불어넣고 냉철하게 자신을 관찰하면 더욱 커다란 시각에서 본인과 주변 상황을 바라볼 수 있습니다.

"당사자연구에서는 힘든 일이 생기면 응원할 방법을 다 함께 모색해요. 이쿠무는 등교하기 싫을 때, 좋아하는 그림이 그려진 양말로 '당당이 인형'을 만들어 부적처럼 지녔지요" 아즈사 씨가 자세히 설명했습니다.

아빠가 떠났을 때는 마음속에 있던 '파이팅군'이 이쿠무를 격려해줬다고 합니다. "예전처럼 아빠와 함께 있을 수 없지만 괜찮아" 이쿠무는 이렇게 여러 감정들이 자신을 응원해준다고 합니다.

"이쿠무의 이야기를 듣고 있으면 문득 아이들의 내면세계가 궁금해져요" 겐야 씨는 아들을 사랑스럽게 쳐다보았습니다.

민감한 고민은 우선 일대일로 대응하자

우치다 가족의 회의는 연구를 바탕으로 아이의 마음을 알아가는 데 중점을 두었습니다. 우치다 가족의 회의 모습이 흥미로워 저는 첫 취재 후에도 정기적으로 이야기를 청했습니다.

겐야 씨가 홀로 타지에서 일하기 시작했을 때는 아직 너무 어려 상황을 이해하지 못했던 이치노도 시간이 흐르자 엄마, 오빠와 마찬가지로 외로움을 느끼면서 불안정한 모습을 보인 적이 있었습니다.

아빠가 떠난 지 2년이 흘렀을 즈음 이치노는 학교에

가기를 거부했습니다. 아즈사 씨는 여름방학 때부터 딸의 말투가 거칠어진 것 같다는 생각이 들었습니다. 무언가 이상하다 싶었는데 아니나 다를까 새 학기가 시작되자마자 이치노가 학교에 가기 싫다는 말을 꺼냈습니다.

아즈사 씨는 이 문제도 가족회의로 다루어야 하나 고민했지만 우선 이치노의 이야기를 차분히 들어보기로 했습니다. 민감한 주제는 아이가 안심할 수 있는 환경에서 우선 일대일로 이야기하는 게 중요하기 때문입니다.

모두가 시끌벅적하게 떠들 수 있는 주제가 있는가 하면 신뢰할 수 있는 사람에게만 용기를 내어 드러낼 수 있는 감정도 있습니다. 아즈사 씨는 아이의 내밀한 마음을 가급적 조심스레 다루려 했습니다.

"학교에 가면 몸 상태는 어때?"

"학교 가기 싫은 이유는 여러 개야?"

조용한 방에서 침착하게 물어보니 이치노는 반 친구 하나가 큰 소리로 화를 내거나 자신을 툭툭 치는 게 싫다고 털어놓았습니다. 이치노는 상냥한 점도 있다며 친구를 감싸면서도 "학교에 가려고 하면 배가 아파"라고 대답했습니다.

"그렇구나. 이야기해줘서 고마워"

아즈사 씨의 온화한 말투에 이치노는 이제서야 조금

편안해진 것 같았습니다.

문제와 상관없는 이야기를 해도 된다

 한편 아내에게 딸의 상황을 전해 들은 겐야 씨는 다음 휴일에 집에 돌아와 이치노에게 부녀 나들이를 제안했다고 합니다. 딸이 매우 좋아하는 스타벅스에 가서 노트를 펼치고 두 사람만의 회의를 열었습니다.
 "이치노가 좋아하는 거 알려줘"

 학교와 전혀 상관없는 이야기부터 하는 것도 좋은 아이디어네요.

이치노는 오랜만에 아빠와 단둘이 보내는 시간이 즐거워 기꺼이 수다를 떨기 시작했습니다. 이윽고 딸의 마음이 편안해진 틈을 타 학교 문제로 관심을 유도하자 이치노는 학교에 있을 때 불안감이 든다고 솔직하게 이야기해주었습니다.

"남편이 가져온 노트를 봤더니 '이치노가 좋아하는 것. 치마, 꽃무늬 머리띠, 핑크'라고 적혀 있었어요. 대체 무슨 이야기를 하고 온 거냐며 크게 웃었죠"

이치노는 가끔은 차분하게, 가끔은 즐겁게 부모님에게 이야기하면서 마음을 정리했다고 합니다.

아즈사 씨가 "이번에는 다 같이 연구해볼래?"라고 묻자 이치노는 스스럼없이 좋다고 대답했고 우치다 가족은 '학교에 가기 싫은 게 고민'을 가족회의의 테마로 삼았습니다.

안심할 수 있는 방법을 함께 생각하자

"나에겐 '고함이'가 붙어 있어" 이치노는 무심결에 화가 치밀어 거친 말투를 쓰는 이유를 이렇게 표현했습니다.

그리고 동급생 남자아이에게는 칼을 든 '무시무시한 호랑이'가 붙어 있다고 설명했습니다. 남자아이에게 나쁜 말을 하게 만드는 건 호랑이고, 이 호랑이가 이치노에게 "네가 나빠. 사과해"라고 화낸다고 합니다.

"엄마, 아빠 보고 싶어" 이치노는 눈물을 흘렸습니다. 무서웠지만 그 자리에서 벗어날 수 없었습니다.

이때 이치노가 그린 건 칼을 들고 흉흉한 표정을 짓는 호랑이와 눈물을 흘리는 자신의 모습이었습니다. 궁지에 몰린 이치노의 마음이 절실히 느껴졌습니다.

그림을 본 이쿠무가 질문을 던졌습니다.

이쿠무   집에 있을 때 갖는 편한 마음이 백이라면 학교에서는 어느 정도야?
이치노   이십이야.
이쿠무   그러면 우선 학교에서도 편한 마음을 오십까지 늘리려면 어떻게 해야 할지 생각해보자.

역시 연구를 먼저 경험한 선배다운 모습이네요. 오빠의 조언을 듣고 다 함께 의논한 결과 이런 방안이 나왔습니다.

- 좋은 향이 나는 '안심 크림'을 손에 바른다.
- 가족과 친구 등 응원해주는 사람을 떠올린다.
- 칼을 든 호랑이에게 이치노가 좋아하는 당근을 칼로 썰어달라고 부탁한다.
- 정말 힘들 때는 선생님에게 전한다(아빠와 엄마가 선생님과 상담).

학교에서 문제를 일으키는 아이를 단순히 악당으로 만드는 게 아니라 그 아이가 난폭하게 구는 상태를 호랑이 캐릭터를 통해 표현했습니다. 그리고 친구 문제와 이치노의 불안을 개별적으로 다루었습니다. 타인과 자신의 감정을 분리하는 '경계선'을 긋는 건 어른에게도 어려운 일이지만 이치노는 가족의 도움으로 선을 긋는 데 성공했습니다.

회의에서 가족에게 이야기하면 응원을 받을 수 있고 주변 사람에게 상담할 수 있다는 걸 알게 된 이치노는 다시 학교에 가기 시작했다고 합니다.

처음에는 부모님과 일대일로 이야기를 나누다 단계적으로 가족이 다 함께 이야기하면서 이치노는 안정을 되찾을 수 있었습니다.

일상 대화를 가족회의처럼

외로움과 불안 속에서도 모두가 성장한 삼 년이 흘렀습니다. 2021년 봄 겐야 씨는 다시 발령받았습니다. 장소는 오호츠크해와 가까운 기타미시입니다. 아사히카와시보다 더욱 먼 곳이기 때문에 이전처럼 자주 삿포로로 돌아갈 만한 거리가 아닙니다. 우치다 가족은 이 상황에서 어떻게 했을까요?

"이제 같이 살자"

이치노가 주저없이 말한 것처럼 우치다 가족은 더 이상 따로 떨어져 살면 안 된다고 판단했습니다. 아이들의 전학과 친구와의 이별, 아즈사 씨의 직장을 고려하면 이사는 쉬운 일이 아닙니다. 하지만 우치다 가족에게는 네 명이 함께 사는 것이 가장 중요했습니다.

그렇게 우치다 가족은 삼 년 만에 새로운 생활을 시작했습니다. 겐야 씨는 매일 바쁘게 일했고 이쿠무는 새로운 동네에서 농구팀에 들어갔습니다. 이치노는 이전과 비교도 안 될 정도로 활발해졌고, 새로운 학교를 재밌게 다니는 모양입니다. 아즈사 씨는 가족의 새로운 생활을 돕고, 학교에서 아동심리 케어 업무를 하게 됐습니다. 아즈사 씨에게 딱 알맞은 일이지요.

"함께 살기 시작하고 나서는 가족회의가 줄었어요. 그렇지만 매일 얼굴을 마주하면서 이것저것 이야기해요. 가족회의처럼 대화하는 게 일상이에요" 겐야 씨가 이렇게 말했습니다.

이쿠무도 "예전에는 일주일에 한 번만 아빠가 집에 오기를 기대했는데, 지금은 매일 기대할 수 있어서 기뻐"라고 덧붙였습니다. 정말 감동적이네요.

아빠가 없어도 괜찮다던 이치노는 한동안 아빠에게 응석을 부리지 못했던 보상이라도 받으려는 듯 아빠에게 찰싹 달라붙어 지냅니다.

"아빠랑 함께 있으면 행복해"

아빠가 발령을 받았을 때 처음에 우치다 가족은 슬픔에 잠겼습니다. 하지만 그 슬픔을 단순히 극복하는 데 그치지 않고, 가족회의를 거듭함으로써 진지하게 문제를 대하고 서로를 향한 배려와 신뢰를 이전보다 더 키워나갈 수 있었습니다.

우치다 가족에게 배울 점

우치다 가족의 회의는 당사자연구를 기본으로 합니

다. 약간 전문적인 분야라 어렵게 느껴질 수 있지만 일상적인 대화나 가족회의에 도입할 만한 점이 많습니다. 일단 독자분들도 아이의 마음을 정성껏 듣는 것부터 시작해보는 게 어떨까요?

- 개인적인 문제는 우선 일대일로 대화한다.
- 부정적인 감정, 긍정적인 감정을 모두 다룬다.
- 감정을 캐릭터로 만들어 그림을 그린다.
- 자신에게 도움이 되는 행동과 아이템을 정해 실천에 옮긴다.
- 정기적으로 감정 변화를 확인한다.

정신과 소셜 워커 경력이 긴 아즈사 씨에게 상대방의 이야기를 잘 듣는 비법을 묻자, 아즈사 씨는 이렇게 대답했습니다. "상대방의 발언에 어떻게 반응하는지가 가장 중요해요"

진심으로 관심과 흥미를 갖고 "그렇구나", "정말 재밌는 생각이네" 하고 즐겁게 들어주면 아이는 더 많은 이야기를 해준다고 합니다.

어른이 아이의 발언을 즐겁게 들어주는 것이 바로 가족회의의 기본입니다.

3장 시바타 가족

우리는 마음을 터놓는 원팀이 될 수 있을까?

엄마의 재혼! 재혼 가정의 가족회의

가족 구성

*첫 취재 당시

아빠 준지
엄마 시호
아들 이타루(9세)

3장
시바타 가족

 교토에 사는 3인 가족 준지 씨, 시호 씨, 이타루를 방문한 건 2018년이 밝은 지 얼마 안 됐을 때였습니다. 그 무렵 아직 가족회의를 정기적으로 하는 가족을 찾기가 어려워 여기저기 물어보고 다녔더니 지인이 "시바타 가족이 정기적으로 하는 것 같아. 아들이 매번 귀가 번쩍 뜨이는 이야기를 한다고 들었어"라고 하며 시바타 가족을 소개해주었습니다.

 바로 SNS 친구를 맺고(편리한 시대입니다) 찬기가 맴도는 교토를 방문했습니다. 지도를 살피면서 자택에 찾아가니 당시 초등학교 3학년이던 이타루가 밝은 표정으로 맞아주었습니다. 아이는 저에게 '이타루 기지'로 꾸민 거실 옆 다다미방을 보여주었습니다.

낯선 사람을 잘 따르고 얼굴에 미소가 가득한 이타루는 엄마와 새아빠 준지 씨에게 자주 응석을 부리는, 소년다운 귀여움을 지니고 있었습니다.

시바타 가족은 재혼 가정입니다. 2016년에 결혼하여 시호 씨가 당시 초등학교 1학년이었던 이타루를 데리고 지바에서 준지 씨가 사는 교토로 이사를 갔습니다.

세 번째 페이지에서 생각해보자

벽을 슬쩍 바라보니 직접 만든 달력이 붙어 있었습니다. 다채로운 색깔의 꽃과 발자국 세 개가 그려진 그림이 있었고, 붓글씨로 이런 문구가 적혀 있었습니다.

초조해하지 말고 천천히 긍정적으로

이 문구는 대체 무엇일까요?

"작년 가족회의에서 아들이 한 말을 바탕으로 붓글씨를 잘 쓰는 친구에게 만들어 달라고 부탁한 달력이에요.

어린아이들도 제법 좋은 이야기를 하는 것 같아요" 시호 씨가 달력을 소개해주었습니다.

맞는 말입니다. 아이들은 의도적으로 멋진 말을 하려고 하지 않습니다. 불쑥 내뱉는 말이 어른의 마음에 깊이 박히는 경우가 있지요.

"이외에도 이타루의 발언 중에 우리 가족의 키워드가 된 말이 있어요. 예를 들면 '세 번째 페이지에서 생각해보자'라는 문구예요. 결혼한 지 얼마 안 됐을 때 준지 씨가 모자 싸움을 말리려고 하니 이타루가 '지금은 엄마와 둘이 이야기하고 있어. 준 아저씨는 세 번째 페이지이니까 조금만 기다려줘'라고 하더라고요"

준 아저씨는 세 번째 페이지라니. 이런 말을 들으면 재혼으로 새아빠가 된 준지 씨가 쓸쓸하지 않을까 싶었지만 준지 씨는 오히려 "아들이 하는 말은 항상 재밌어요" 하고 싱글벙글 웃었습니다.

"싸움이 멈출 것 같지 않자 아들이 '일단 세 번째 페이지에서 생각해보자'라고 말하더라고요. 그때 준지 씨가 중간에 끼어들어 농담도 해줘서 대화가 잘 풀렸어요. 그 이후로 난항을 겪을 때마다 '세 번째 페이지에서 생각해보자'라는 말이 키워드가 됐어요"

'세 번째 페이지'는 재혼 가정이었기에 비로소 탄생

할 수 있었던 개념이네요.

결혼 전부터 시작한 가족회의

준지 씨와 시호 씨는 코칭 일 때문에 서로 알게 되었습니다. 아이를 데리고 몇 번 만난 후 이타루가 "준 아저씨는 아빠 같아"라고 하자 시호 씨는 결혼을 결심했다고 합니다. 동시에 두 사람은 진도가 빨라서 불안을 느끼기도 했습니다.

지바에서 부모님의 도움을 받으며 일과 육아를 병행하던 시호 씨는 물론이고, 준지 씨도 갑자기 초등학생의 아빠가 되는 커다란 변화를 겪었습니다. 이타루도 준지 씨에게 친근감을 느끼기는 했지만 또 다른 한편으로는 '엄마를 뺏긴다'는 극심한 질투심을 품은 것도 사실입니다.

"앞으로 세 사람이 새로운 가족 형태를 만들자"

두 사람은 각오를 다지고 결혼이라는 길로 한 걸음 나아갔습니다. 우선 새로운 생활에 대비하기 위해 정식으로 가족이 되기 전에 각자 속마음을 털어놓을 수 있게끔 스카이프를 활용해 가족회의를 했습니다.

테마는 사는 동네, 이사, 전학이었습니다. 재혼으로 수반되는 중요한 일을 어른들이 일방적으로 결정하지 않고 이타루를 참여시켜 세심하게 대화를 나누었습니다.

"결혼은 괜찮은데 전학은 싫어"

"할아버지, 할머니와 떨어지고 싶지 않아"

이타루의 목소리에 정성껏 귀를 기울였습니다. 가끔은 준지 씨와 이타루가 따로 스카이프 채팅을 하는 경우도 있었다고 합니다.

어느 날 스카이프 회의를 하던 중에 이타루가 화이트보드에 적은 글자를 화면에 비춰주었습니다.

"이거 봐. 연습했어"

ㅅㅣㅂㅏㅌㅏ

화이트보드에는 준지 씨의 성이 적혀 있었습니다. 시호 씨에게 자신의 성이 바뀔 가능성이 있다는 이야기를 들은 이타루가 글씨를 몰래 연습한 것입니다.

"시바타, 왠지 멋있는 이름 같아"

준지 씨는 물론이고 시호 씨도 이타루의 말을 듣고 얼마나 안심했을까요? 이타루는 엄마가 결혼한다고 하니

복잡한 마음이 들었지만 계속 대화를 나누는 사이에 조금씩 준 아저씨를 가깝게 느끼기 시작했습니다. 그 이후 시호 씨와 이타루는 교토로 이사를 갔습니다.

지바로 돌아가고 싶어! 결혼 안 했으면 좋았을 텐데

여기서 해피엔딩으로 끝났으면 얼마나 좋았을까요? 새로운 생활과 전학 모두 순조롭게 이루어진 것도 잠시, 세 사람 사이에 응어리가 생겼습니다. 이타루는 조부모와 살던 지바 생활을 그리워했고 준지 씨는 독신에서 갑자기 초등학생 아빠가 되어 당혹스러운 나날을 보냈습니다. 시호 씨도 중간에 끼어 마음고생했겠지요.

어려움이 있을 거라고 예상은 했지만 상대방을 지나치게 배려하고 참다 보니 오히려 응어리는 점점 쌓여갔습니다.

이때 흐름을 바꾸는 데 도움이 되었던 것이 바로 가족회의입니다. 누군가 작은 응어리를 안고 있다는 느낌이 들면 시호 씨가 잠시 이야기하자고 하며 식탁으로 부릅니다.

"갑자기 생활 방식도 환경도 크게 달라졌으니 심리적으로 긴장하는 게 당연해요. 그렇다면 차라리 속내를 모조리 꺼내 보이자 싶었죠"

"할아버지와 할머니가 보고 싶어. 지바가 그리워"
"준 아저씨는 좋지만 두 사람 사이에 못 끼어드는 것 같은 느낌이 들어"
"나도 엄마와 둘이 자고 싶어"

우선 가족회의를 통해 이타루의 소외감을 캐치했습니다. "처음에는 엄마 쟁탈전까지는 아니지만 적어도 아들은 엄마를 뺏긴 기분이 강하게 들었던 것 같아요"
이타루의 기분이 롤러코스터를 타듯 오락가락했을 때는 준지 씨에게 "결혼 안 했으면 좋았을 텐데"라는 말도 했다고 합니다. 준지 씨는 이야기를 듣고 당시에는 충격을 받았지만 이타루의 마음을 계속 받아주었습니다.

격렬한 감정도 테이블 위에 올려두자

준지 씨는 비록 듣기 괴로울지라도 감정을 표현해주는 게 좋다고 합니다.

"평소에 좀처럼 겉으로 드러내지 않는 강한 감정일수록 확실하게 보여주는 게 좋아요. 어찌 됐든 감정을 테이블 위에 올려두는 게 중요하죠"

입 밖으로 꺼내지 못해 속에 쌓아둔 응어리는 시간이 지나면 지날수록 거무튀튀하게 변하면서 거대하게 부풀어 감당할 수 없을 지경에 이릅니다. 하지만 용기를 내어 씩씩하게 테이블 위에 올려두기만 하면 그 순간 응어리는 '모두의 과제'가 됩니다. 테이블 위에 올려두면 응어리는 바라보고 만질 수 있으며 어떻게 하면 좋을지 의논할 수 있는 테마가 되는 것입니다.

"물론 '가족'회의니까 부모의 감정이나 기분도 털어놓을 수 있어야 해요"

준지 씨는 모자의 강한 유대감에 외로움과 소외감을 느꼈다는 것을, 시호 씨는 사이가 가까운 만큼 무의식 중에 심해지는 이타루와의 충돌을 의제로 삼았습니다.

 부모에게는 부모만이 겪는 갈등이 있습니다. 갈등을 드러내면 아이는 '어른도 똑같구나'라고 안심하고 자신의 생각을 숨김 없이 밝힙니다. 그리고 다 같이 해결책을 모색합니다. 이것이 바로 시바타 가족의 회의 스타일입니다.

 "다음 봄 방학에는 다 함께 지바에 길게 다녀오자"
 "교토를 조금 더 좋아할 수 있도록 마음에 드는 장소를 같이 찾아보자"
 "엄마와 함께 자고 싶을 때는 방을 바꿔줄 테니 언제

든지 말해도 돼"

"아까 심하게 이야기해서 미안해. 준 아저씨, 같이 달리기하러 가자"

시호 씨가 의견을 덧붙였습니다. "솔직히 의제는 무엇이든 상관없어요. 일상에서 쌓인 응어리와 진심을 대화 도중에 드러내는 게 중요해요"

시바타 가족은 처음부터 거리를 좁히기 위해 가족끼리 주말과 연휴에 하고 싶은 일, 가고 싶은 곳을 의논하는 경우가 많았습니다. 이때 상대방의 발언 속에 있는 속마음을 세심하게 살핍니다. 그러면 진심을 알게 되어 서로를 배려할 수 있다고 합니다.

가족이 하고 싶은 일을 함께 응원하기

취재차 시바타 가족을 방문했던 날, 벽에 붙은 달력 옆에는 얼마 전 진행한 설날 가족회의의 회의록이 있었습니다. 들여다보니 다음과 같은 글이 적혀 있었습니다.

올해의 목표

엄마
코칭 일을 늘리기
체중 3kg 빼기
할머니와의 관계 개선

준 아저씨
매달 활 쏘러 가기
작년보다 돈 많이 벌기
매일 7시에 일어나기(술 마신 다음 날에도)

이타루
베이 블레이드 대형 경기장 만들기
니조성 한 바퀴 10분 안에 달리기
훌륭한 골키퍼 되기

그 옆에는 가족의 목표를 함께 도울 방법도 적어 놓았습니다.

"엄마가 할머니와 잘 지낼 수 있도록 이타루도 할머니와 잘 지낼게"

"준 아저씨에게 차를 끓여줄 거야"

"엄마와 준 아저씨도 자전거로 니조성을 돌면서 이타루를 응원할게"

"차를 끓여준다니 정말 착하네요. 이거 녹차 그림이죠?"

"네, 왠지 기분이 좋으면서 가슴이 찡했어요. 돈을 더 많이 벌겠다는 목표를 응원하기 위해 차를 끓여준다는 발상이 무척 재밌는 것 같아요" 준지 씨는 기쁜 표정을 지었습니다.

할머니와 시호 씨는 사이가 가까운 만큼 자주 싸우는 편이라고 합니다. 이타루가 두 사람 사이가 좋아지도록 도와준다니, 무척 든든하겠네요.

부모는 아이들에게 목표나 꿈을 물어보면서 막상 자신의 목표를 아이들에게 솔직하게 이야기하는 데에는 주저합니다. 하지만 "살 빼고 싶다", "돈 많이 벌고 싶다"라고 솔직하게 말해도 되지 않을까요?

어른이라고 자존심만 내세우고, 무슨 일이든 괜찮은 척할 필요 없습니다. 용기를 내어 부모의 약한 모습을 보여주면 의외로 아이들은 가볍게 해결책을 제시해줄 수 있습니다.

시바타 가족의 회의록을 바라보면서 속으로 '정말 좋은 가족 관계구나' 하고 생각했습니다.

부모와 자녀가 서로 고민을 상담하는 관계

시호 씨는 출장을 갈 때 이타루에게 집을 잘 봐달라고 부탁합니다.

준지 씨도 일을 그만둘까 고민할 때 이타루와 상담했다고 합니다. 이때 아이는 대견하게도 준지 씨의 마음을 자세히 물어보았습니다.

"왜 그만두고 싶어? 준 아저씨는 어떤 게 싫어?"
"싫은 일은 할 필요 없어. 좋아하는 일을 해야 해"
"초조해하지 말고 천천히 긍정적으로"

이타루의 명언이 이 대목에서 나왔네요.

준지 씨는 "놀랄 정도로 이야기를 잘 들어줘요"라고 하며 미소를 지었습니다. 이타루와 이야기를 나누는 사이에 고민을 자연스레 정리할 수 있었다고 합니다. 결국 준지 씨는 업무를 조정해서 회사를 그만두지 않았고 부업으로 코칭 일을 하는 최선의 선택지를 골랐습니다.

이타루도 성장하여 지금은 중학교 1학년입니다. 예전만큼 두 사람에게 응석 부리지는 않습니다. 거실 옆 기지만으로는 성에 차지 않아 자신의 방을 얻었습니다. 최근에는 방에서 친구들과 온라인 게임을 하면서 밥을 먹는 경우도 있다고 합니다. 요즘 아이다운 모습입니다.

"불퉁한 태도에 짜증이 날 때도 정말 많아요!"

"하지만 사춘기치고는 괜찮은 편이잖아. 가끔 거실에 나와서 말도 걸어 주고"

시호 씨가 한숨을 내쉬자 준지 씨는 아들을 감싸줬습니다. 어느 가정이나 사춘기 남자아이는 비슷하게 행동하는 법이지요. 저도 고개를 끄덕이며 공감했습니다.

하지만 두 사람은 이타루가 장시간 게임을 하든, 가끔 방에 틀어박혀 인터넷상에서 친구와 놀며 저녁 식사를 하든 야단치거나 주의를 주지 않는다고 합니다.

"중학생은 원래 그래요"

"친구와 함께하는 게 더 즐거운 시기이지요"

"저도 게임을 좋아하니까요"

"우리도 우리 마음대로 지내고 있잖아요"

'가족이란 이래야 한다'는 고정관념을 갖지 않고 세 사람만의 새로운 삶의 방식을 구축해온 시바타 가족에게 알맞은 거리입니다. 매우 편안해 보였습니다.

사춘기에 접어들었지만 이타루에게는 여전히 '두 사람에게는 뭐든 이야기해도 된다'는 관념이 깊이 박혀 있습니다. 어느 날은 이타루가 준지 씨의 방에 찾아와 신체의 변화에 대해 상담했다고 합니다. 준지 씨는 어떻게 대응했을까요?

"이차 성징을, 그것도 저한테 물어볼 거라고는 상상도 못 해서 상당히 긴장했어요. 우선 알고 있는 건 전부 알려줬어요"

신체와 심리가 변화하는 건 당연해. 무서워하지 않아도 돼.

좋아하는 여학생을 보면 두근거리는데 그건 나쁜 일이 아니야.

상대방을 소중히 대해야 해.

한참 이야기를 나눈 후에 이타루는 약간 안심한 듯한 표정으로 방을 나섰습니다.

"친부모도 타인도 아니면서 동시에 속마음을 가장 쉽

게 터놓을 수 있는 어른이 준지 씨이니까요. 물론 처음부터 의도한 건 아니지만, 시간을 들여서 자연스럽게 정말 좋은 관계를 만들어나간 것 같아요"

시호 씨가 말했듯이 엄마에게는 묻지 못하는 것을 준 아저씨라면 물을 수 있는 절묘한 관계가 두 사람 사이에 형성되었습니다.

과연 진짜 가족이 될 수 있을까? 시바타 가족은 불안감을 안은 채 새로운 출발을 했습니다. 어둠 속에서 손으로 더듬어 가며 길을 찾고 자신의 마음과 솔직하게 마주하면서 대화와 응원을 계속함으로써 어느덧 개성적이면서 멋진 원팀이 되었습니다.

시바타 가족에게 배울 점

요즘 시대에는 혼자 아이를 키우거나 새로운 상대와 만나 재혼하는 경우가 드물지 않습니다. 가족 형태는 다양합니다. 재혼 가정인 시바타 가족은 상대방을 잘 알고 있다고 착각하지 않고, 일상 속 작은 응어리를 캐치하면서 말로 계속 표현하고 의논해왔습니다. 모두가 배울 만한 자세입니다.

시바타 가족은 가족을 '원팀'으로 여기고 프로젝트를 공유합니다.

- 하고 싶은 일이나 여행지를 가족회의에서 의논한다.
- 특정 테마에 대해 말할 때 내용만큼이나 각자의 마음에 주목한다.
- 부모든 자녀든 상관없이 힘든 일은 상담한다.
- 어떻게 해결하고 협력할지 다 함께 의견을 낸다.

이를 계속 반복하면 가족은 원팀이 됩니다.

시바타 가족은 아이의 성장과 함께 변화하는 가족 관계의 형태도 즐겁게 받아들였습니다. 앞으로 사춘기를 맞이할 아이의 부모로서 저도 배우고 싶은 자세입니다.

가족과 성을 이야기할 수 있을까?

 가족회의의 장점은 평소에는 전하기 힘든 속마음과 고민을 편하게 말할 수 있다는 것입니다. 하지만 여전히 화제로 삼기 힘든 테마도 있습니다. 3장 시바타 가족 에피소드에 나온 '성교육'이 그중 하나입니다.
 시바타 가족의 경우 이타루가 준지 씨에게 먼저 상담을 요청하여 별다른 문제가 없었지만, 일반적으로 부모가 먼저 사춘기의 신체 및 심리 변화를 아이에게 이야기하기는 부담스럽지요.
 우리 집에도 이차 성징을 앞둔 아들과 딸이 있는데 성교육을 가족회의에서 다루기가 좀처럼 어렵습니다. 남편에게 "아들은 당신에게 맡길게!" 하고 일임했지만 남편이 도저히 못 하겠다며 일찍이 백기를 들었던 경험이 있습니다. 남편은 대신 성교육을 다룬 만화를 아들 방 책장에 몰래 두었습니다.

개인적인 문제이기 때문에 당연히 부모와 자녀, 형제 간에 이야기를 나누기가 어렵습니다. 실제로 성교육을 가족회의에서 다루는 가정을 찾으려 해도 좀처럼 찾기 힘들었지요.

한참 사례를 찾던 중에 초등학교와 중학교 방과 후 수업에서 성교육 강의를 하는 스즈키 미카 씨를 만나 이야기를 들어보았습니다.

스즈키 씨가 성교육의 중요성을 알게 된 시기는 20대였다고 합니다. 불임으로 고민하던 경험을 통해 '난 성을 제대로 이해하지 못했구나. 가장 중요한 문제인데 아무도 정확히 가르쳐주지 않았네' 하고 깨달았습니다.

자신의 경험을 통해 스즈키 씨는 '성을 배우는 것은 생을 배우는 것'임을 인식하고 성교육과 마주하기 시작했습니다.

스즈키 씨는 이후 남자아이 둘을 낳았고 지금은 아이들이 고등학생, 중학생이 되었습니다. 놀라운 건 지금도 가정에서 성 문제를 오픈한다고 합니다. 스즈키 씨가 전하는 '성과 생의 교육'이 무엇인지 질문해보았습니다.

성교육은 빠를수록 좋다

많은 부모가 아이들과 성교육에 대해 이야기를 할지 말지 고민하고 초조해하는 타이밍은 아마 우리 집처럼 아이의 이차 성징이 시작될 무렵이겠지요.

여자아이는 월경, 남자아이는 변성기가 시작됩니다. 신체뿐만 아니라 정신적으로도 변화를 겪고 성적 흥미도 생깁니다.

학교 보건체육 수업에서 배우는 것만으로 충분할까? 가정에서도 한마디 해야 하지 않을까?

하지만 대체 무슨 이야기를 해야 할까요? 성기와 성행위에 대해 아이와 이야기하는 데 거부감이 없는 사람이 있을까요?

"당연히 당혹스럽지요. 그런데 부모와 자녀가 신체에 대해 이야기하는 시기는 오히려 빠르면 빠를수록 좋아요" 스즈키 씨는 이렇게 설명했습니다.

예를 들면 유아기에 부모와 자녀가 함께 목욕할 때, 형제가 태어났을 때 하면 좋습니다.

"왜 엄마는 고추가 없어?"

"아기는 어디에서 나오는 거야?"

이런 질문이 쏟아졌을 때 "어디까지 자세하게 말하

면 되지?" 하고 당황했던 경험이 있지요? 저도 마찬가지였습니다.

스즈키 씨는 4세, 5세 때부터 담담하고 아무렇지 않게 사실을 이야기하는 식으로 성교육을 시작하는 게 최선이라고 합니다.

성에 부정적인 이미지를 심지 않는다

앞서 나온 질문을 예로 들면, 큰 틀에서 쉬운 말로 이렇게 전하기만 하면 됩니다.

"고추는 없지만 엄마 배 속에는 아기를 키우는 방이 있어"

"여자에게는 생명의 길이 있는데 거기서 아기가 나오는 거야"

의외로 시원스레 납득하는 경우가 많다고 합니다.

"어릴 때는 내용을 자세하고 정확하게 알고 싶어 하진 않아요. 대신 부모가 질문을 피하지 않는 게 중요해요. 아이는 '오늘 저녁밥 뭐야?' 같은 수준에서 질문하는 경우가 많아요" 저녁밥이라니. 그렇구나, 부모가 걱정하지 않아도 되는구나.

오히려 어른이 허둥대거나 숨기면 터부라는 인식이 생겨 결과적으로 신체 변화와 성적 경험에 부정적인 이미지를 갖는 경우가 있다고 합니다. 다만 스즈키 씨는 부모가 거부감을 느끼는 건 굳이 언급하지 않아도 된다고 합니다.

"성교육은 성행위를 알려주는 게 아니에요. 부부의 사생활이나 부끄러운 주제에 대한 질문을 받으면, 그건 엄마의 중요한 비밀이니까 이야기하고 싶지 않다고 말해도 돼요."

조금 안심이 되네요. 안절부절못할 바엔 차라리 욕심내지 말고 전할 수 있는 것부터 전하면 됩니다.

넌 정말 소중한 존재야

스즈키 씨가 성교육을 통해 아이들에게 전하고 싶은 것은 '태어나 줘서 정말 기뻐', '자기 자신을 소중하게 여겼으면 좋겠어'라는 말입니다.

성교육은 자신의 신체를 올바르게 알기 위한 교육입니다. 자세히 말하자면 성교육에서는 태어난 과정 등을 설명하여 자기 자신을 소중하게 느끼게 해주는 게 중요합니다. 어릴 때부터 '너는 이렇게 태어났어', '네 몸은 전부 소중해'라고 전해야 합니다.

스즈키 씨의 설명을 듣고 감탄했습니다. 동시에 저도 성에 대해 어두운 이미지를 갖고 있었다는 사실을 깨달았습니다.

얼버무리거나 감추지 않고 이야기하기

스즈키 씨는 어릴 때부터 그림책을 활용하거나 아이의 질문에 대답하는 식으로 아무렇지 않게 성교육을 대화에 끼워 넣었습니다. 덕분에 아이들은 성이 터부라는 인식을 거의 갖지 않게 됐다고 합니다.

초등학생 고학년 정도 되면 성적 흥미와 의문이 생기는데, 스즈키 씨는 일부러 그 타이밍을 이용했습니다.

예를 들어 아이가 여성 생식기 은어를 배워오거나 마쓰코 디럭스(옮긴이주: 일본의 여장 남자 연예인)는 어떤 사람이냐는 의문을 품기도 하고 친구들과 야한 책을 본 사실을 털어놓았다고 합니다. 부모 입장에서 식은땀이 날 만한 순간이지만 스즈키 씨의 지론에 따르면 그 순간이 바로 성을 이야기할 기회입니다.

"그 은어의 유래는 건강한 아이가 태어나기를 바라는 소망에서 비롯되었다는 설이 있어"

"네 성별에 이질감을 느낀 적 있어?"

"야한 만화에 나오는 여자의 몸은 실제 몸과 다르다는 거 알아?"

얼버무리거나 감추지 않고 대화의 소재로 삼으면 아이들도 성을 단순히 야한 것으로만 받아들이지 않습니다. 기본적으로는 일대일로 대화하고 "뭐든 물어봐도 돼", "힘들면 말해줘"라고 전합니다.

그리고 머지않아 여자친구가 생겼다는 이야기를 듣는 날이 온다면 이렇게 조언해줄 거라고 합니다.

"여자친구를 소중히 여겨줘. 그게 너 자신을 소중히 여기는 거야"

이처럼 성교육의 핵심은 '자신을 소중히 여겨야 한다'고 알려주는 것입니다. 이는 부모 자녀 간 대화의 기본 중에서도 기본으로, 가족회의의 본질과도 일맥상통합니다.

스즈키 미카 (산후 퍼실리테이터 https://suzukimika.com/)

쓰쿠바대학교 물리학과를 졸업한 후에 수학, 물리 강사가 되었다. 불임, 출산, 육아 경험을 통해 인간의 본질과 관련된 성교육을 다시 배웠고 학부모와 학교를 대상으로 성과 생명에 대해 강의하고 있다.

4장 다마이코 가족

울컥이가 원인이었다?

아들의 떼쓰기 발발로 긴급 가족회의

가족 구성

아빠 아키히로
엄마 야스코
아들 다몬(8세)
딸 하스미(6세)

4장
다마이코 가족

  이 책 초반에 우리 가족이 회의를 시작한 당시에는 그다지 활기를 띠지 않았다고 언급한 적이 있습니다.

  A4용지에 이번 주 있었던 일과 다음 주 목표, 가족에게 하고 싶은 부탁을 적어 발표하는 스타일이었던 가족회의는 그럭저럭 1년 정도 이어졌습니다. 아이들의 발언도 많아져 회의가 즐거워졌지만 동시에 회의 빈도는 줄었습니다.

  그 이유 중 하나는 가족회의를 계속하다 보니 아이들이 언제든지 생각을 말로 표현하게 됐기 때문입니다. 매주 가족회의를 하지 않아도 일상에서 상담하거나 문제에 대해 의논하는 경우가 늘었습니다. 아주 기쁜 변화였습니다('별로, 그냥, 까먹었어'라는 말만 하던 아이였는데 말이죠).

그리고 다른 이유는 여러 가정의 가족회의를 살펴보고 따라 해보고 싶은 스타일이 많아졌기 때문입니다. 지난 세 개의 장에서 소개한 화이트보드를 이용한 에즈레 가족의 회의, 감정을 캐릭터로 표현하는 우치다 가족의 방식, 서로를 응원하는 시바타 가족의 회의를 도입해보고 싶었습니다. 아이들에게 새로운 회의 방식이 필요한 순간에 다른 버전의 가족회의도 시도해보고 싶었던 것입니다.

아들이 떼를 써서 아침부터 대폭발!

어느 휴일 아침 식사를 준비하던 중 딸이 식사 준비를 도와주고 싶다며 말을 걸었습니다. "알았어. 계란 깨서 젓가락으로 저어줄래?" 하고 묻자 딸은 기꺼이 주방으로 들어왔습니다.

스크램블드 에그를 함께 만들고 있는데(평화로운 아침 풍경이지요?) 아들이 갑자기 다가와 "나도 하고 싶어!"라고 외쳤습니다. "알았어. 그럼 한 번 더 만들까? 하스미는 잠시 쉬고 다몬이 계란 깨줄래?"

제 말이 끝나기가 무섭게 아들은 여동생을 밀쳤습니다. 갑자기 왜 그럴까요? 딸은 울음을 터뜨렸고 아들은 더욱 소란을 피우기 시작했습니다.

"위험하니까 가만히 있어! 싸울 거면 엄마가 만들게" 무심결에 언성을 높이자 아들은 한층 더 화를 냈습니다.

이런, 또 시작입니다. 이쯤 되면 아들은 무슨 말을 해도 귀를 기울이지 않습니다. 공복도 화를 조장하지요. 꺽꺽 울면서 화를 냅니다.

"자, 계란 깨보자"

진정시키기 위해 재촉해봤지만 계란 따위는 안중에 없다는 듯 싫다고 고래고래 소리를 지릅니다.

남편도 "그만!" 하고 아들을 혼냅니다. 아침부터 여기저기서 대폭발이 일어납니다. 골치가 아픕니다.

일단 서둘러 밥을 지어 화를 내는 아들과 우는 딸에게 먹였습니다. 처음에는 앙금이 가시지 않았지만 배가 채워지자마자 두 아이 모두 아무 일도 없었다는 듯 기분이 좋아졌습니다.

가족회의를 시작한 뒤로 아들은 자신의 마음을 능숙하게 표현하기 시작했지만 그럼에도 불구하고 종종 떼를 씁니다. 특히 아침에 심하지요.

  대체 아이의 마음속에서 무슨 일이 일어나는 걸까요? 저는 식사 후에 큰맘 먹고 아이에게 물어보았습니다.

시간 순서대로 마음을 분석하기

  "다몬, 아침부터 화내서 피곤하지 않아? 다몬이 어떤 것 때문에 화났는지에 대해 긴급 가족회의를 할까?" 말을 걸자 뜻밖에도 아들은 싱글벙글 웃으며 좋다고 대답했습니다.

  이면지 몇 장을 셀로테이프로 이어 붙여 만든 커다란 종이를 식탁 위에 펼치고 큰 글씨로 '긴급 가족회의 / 왜 다몬은 아침에 종종 화를 낼까?'라고 적은 후 네 명의 얼굴을 그렸습니다.

  우선 이 사건이 발발했을 때 어떤 마음이었는지 시간 순서대로 물어보았습니다.

  아침 7시
  계란 요리는 하스미가 만들고 있었다.

다몬이 와서 으르렁거리기 시작했다.

엄마 왜 으르렁거린 거야? 어떤 마음이었어?
아들 화장실에서 나왔더니 하스미만 계란 요리를 만들고 있었잖아. 치사해.

아침 7시 15분
엄마가 "다몬도 하면 되잖아. 하스미, 비켜줘"라고 말했다.

엄마 "다몬도 해볼래?" 하고 엄마가 물어봤어.
딸 나도 "알았어"라고 대답했어.
아들 그렇게 말했어? 못 들었어.
남편 아빠도 다몬에게 "심호흡해볼래?"라고 제안했어.
아들 몰라! 못 들었어!
딸 그래서 아빠도 화냈어. 무서웠어.
남편 미안, 미안. 매번 아침 식사 전에 다몬이 화를 안 냈으면 해서.

7시 30분
아침 식사가 완성되었지만 모두 짜증이 난 상태라 밥

이 안 넘어갔다.

엄마 정성껏 만들었는데 다들 화가 나서 맛없게 식사하니까 슬펐어.
딸 모두 화난 기분으로 밥 먹는 게 싫었어.
아들 눈물이 나고 화가 났어.
남편 다몬이 울컥하니 마음이 안 좋았어.

무슨 일이 일어났는지 순서대로 돌이켜 보면서 마음을 물어보고, 울거나 화내는 표정을 그렸습니다.

어라? 메모를 읽다 보니 아들은 처음부터 저의 제안과 남편의 말을 전혀 듣지 않았다는 걸 깨달았습니다. 화장실에서 나와 여동생이 요리하는 모습을 본 순간 분노 스위치가 켜진 것입니다.

엄마 화를 낼 때 다몬은 아무 소리도 못 들어. 이상한 벌레(캐릭터)가 붙어 있는 거 아닐까?
아들 맞아. 화를 낼 때는 무슨 이야기를 해도 귀에 안 들려. 싫다는 말밖에 안 나와. 이런 얼굴을 한 '울컥이'라는 애가 붙어 있어서 그래.

울컥이? 울컥이가 뭐지? 그림으로 그려봐!

아들은 연기를 마구 내뿜으며 험악한 표정을 짓는 외계인을 도화지에 열심히 그렸습니다.

엄마 울컥이는 언제 찾아와?
아들 기분이 안 좋을 때 항상 찾아와. 지금도 울컥이는 남아 있어.

이렇게 대답하고는 울컥이 = 무게 100mg, 수량

100ml, 길이 100mm라고 덧붙였습니다. 초등학교에서 배운 단위에 푹 빠져 있어 캐릭터 설정이 다소 복잡해졌지요.

> **아들** 싫은 일이 일어나면 울컥이는 거대해져. 화가 안 날 때는 작아지지만 0.01mg은 남아 있어. 울컥이는 태어났을 때부터 내 안에 들러붙어서 떨어지지 않아. 열아홉이 되기 전까지는.

아들은 매우 구체적으로 설명했습니다.

울컥이는 태어날 때부터 있었구나! 그러고 보니 다몬은 아기 때부터 짜증을 잘 냈습니다. 열아홉이 되면 집을 나가 독립할 수도 있으니 울컥이가 사라진다는 걸까요?

"그럼 어떻게 하면 울컥이를 작게 만들 수 있을지 이야기해볼래?"라고 물어보자 아들은 막힘없이 대답했습니다.

- 심호흡한다(아빠의 제안을 무시한 줄 알았는데 실제로는 잘 들었네요!).
- 무언가를 먹는다(먹으면 진정이 되지요).

- 껌을 씹는다(단 음식이면 뭐든지 좋다는 의미입니다).
- 부모님이 상냥한 목소리로 말한다(큰소리는 울컥이가 제일 좋아하는 거니까 역효과입니다).
- 몸을 움직인다(야구하면 지쳐서 울컥이가 튀어나오지 않는다고 합니다).
- 놀이를 한다(놀이도 중요하지요).

아빠나 엄마의 기분이 안 좋으면 울컥이가 소환되기 쉽다고 합니다. 듣고 보니 정말 그랬던 것 같습니다.

"부드럽게 말을 걸어줘"

아들은 울컥이가 커져서 난폭하게 굴 때 최후의 수단은 가만히 두는 수밖에 없다고 합니다. 스스로 떼를 쓰는 행동을 인지하고 이해하다니, 놀랐습니다. 게다가 겨우 여덟 살밖에 안 됐지만 아들은 울컥이가 완전히 사라지지 않고 계속 머물러 있다는 점까지 이해했습니다.

어른도 기분이 안 좋거나 짜증이 나면 조절이 안 되는 경우가 있습니다. 그때 주변에서 이런저런 말을 건네면 도망갈 곳이 사라져 오히려 부정적인 감정(울컥이)은 증폭합니다. 우선 심호흡을 하여 긴장을 풀고 달콤한 음식으로 안정을 취한 후에 즐거운 시간을 보내면 어느

새 울컥이는 작아집니다.

아이가 떼를 쓸 때 서둘러 불을 끄려고 하면 역효과가 납니다. 아이는 부모가 한 템포 쉬고 부드럽게 "무슨 일이야?"라고 물어봐 주길 바랍니다. 부모가 어떻게 대해야 하는지를 아이에게 한 수 배운 것 같습니다.

화이트보드로 가족회의를 재밌게 해보자

이후 에즈레 가족을 따라 하여 우리 집 거실에 작은 화이트보드를 두었습니다(IKEA의 스탠드형 화이트보드 추천합니다!). 화이트보드를 사용해 몇 번 가족회의를 하고 났더니 아이들이 먼저 신경 쓰이는 점을 화이트보드에 적어 회의를 하자고 제안하는 경우가 점점 늘었습니다.

그리고 저 또한 간식을 먹을 때 아이 이야기를 듣다 의문점이 생기면 "그거 좀 이야기해볼래?" 하고 화이트보드에 적습니다.

남편이 참여할 때도 있고, 저와 아이들만 참여할 때도 있습니다. 혹은 저와 딸, 저와 아들 이렇게 둘만 하는 경우도 있고요.

테마는 다음과 같습니다.

- 학교가 즐겁지 않아. 뭐가 문제일까?
- 집안일하고 용돈 줄 때 포인트로 줄게.
- 가족끼리 어떤 회사를 만들 수 있을까?
- 야구 힘들어.
- 엄마, 왜 화내는 거야?

심각한 테마는 없습니다. 10분 정도 화이트보드에 아이디어나 생각을 적기만 하면 됩니다.

아이들은 흥미로운 말을 툭툭 내뱉기도 하고, 속에 쌓인 감정과 기분을 털어놓기도 합니다(시바타 가족의 '감정을 테이블 위에 올려두기'와 같은 방식입니다).

학교에서 선생님이 누군가에게 야단을 치면 나도 괴로워져서 다리가 근질거려.

용돈을 받을 수 있다면 포인트가 높은 화장실 청소를 고를 거야.

동네 아이들을 즐겁게 해주는 회사를 만들자. 하지만 너무 바쁜 일은 안 돼.

야구는 즐겁지만 연습과 시합이 이어지면 긴장을 많이 하니까 휴식이 필요해.

엄마, 마감 전이라서 정신없으면 미리 말해줘. 뿔난 눈을 보면 내가 나쁜 짓을 했나 싶어서 심장이 두근거려.

"그렇구나"
"이건 엄마가 잘못했네"
화이트보드에 발언을 적으며 고개를 끄덕였습니다.

아이들의 발언을 더 듣고 싶어집니다.

　무엇이 문제이고 무엇이 정답인지 아이들은 어른에게 배우지 않아도 몸소 알고 있습니다. 어른들이 예의상 하는 말과 속마음을 정확하게 간파합니다.

　게으름만 피우려는 아이는 거의 없습니다. 열심히 하고 싶은 마음을 갖고 있습니다. 하지만 열심히 하기 위해서는 균형이 필요하다는 사실도 어른만큼, 어쩌면 어른보다 더욱 잘 알고 있습니다. 그리고 부모를 잘 파악하고 있습니다.

　가족회의를 할 때마다 '부모가 아이를 이끌어주어야 한다'는 사고방식과 부담감이 조금씩 사라졌습니다. 부모가 실수했을 때 그 실수를 솔직하게 드러내면 아이들은 반드시 격려해줍니다. 이처럼 아이들에게 배울 점이 많다는 깨달음은 육아에 대한 저의 고민을 덜어주었습니다. 아직 가족회의의 여정은 계속됩니다.

어떻게 시작할까?
가족회의 비결

이제까지 몇몇 가족의 회의를 살펴봤습니다.
"정말 멋진 가정이네"

"우리 집도 이 방식을 써볼까?"

이렇게 느낀 분이 있다면 좋을 것 같습니다. 흥미롭게도 가족회의 방식은 가족의 수만큼 많습니다. 정답은 없지요. 원하는 방식으로 시작하라고 말씀드리고 싶은데, 막상 하려고 하니 어떻게 해야 할지 모르겠다는 의견도 자주 듣습니다.

우선 간단하게 첫 가족회의를 가급적 매끄럽게 여는 비결을 정리해보겠습니다. 그리고 가족회의의 네 가지 규칙을 소개하겠습니다.

무조건 규칙을 지킬 필요는 없습니다. 다만 몇 번이나 실패한 적이 있는 제 경험, 다른 가정의 가족회의를 통해 어른이 이런 생각을 가져야 가족회의가 더욱 즐거워지는구나 싶었던 수칙을 알려드리겠습니다.

"즐거운 시간을 보낼 작정이었는데 싸움으로 끝났다"

"두 번 다시 가족회의는 하고 싶지 않다"

이런 생각이 들지 않도록 가족회의는 느슨하게 시작해서 가벼운 마음으로 천천히 대화를 이어 나갈 것을 추천합니다. 그렇게 하면 틀림없이 즐거운 대화가 펼쳐집니다. 부디 독자분들도 시도해보길 바랍니다.

자리 만들기

회의를 열기 가장 편한 장소는 거실입니다. 가족이 자연스레 모이는 곳이기 때문에 말을 건네기 쉽고 참여하지 않는 사람도 무심코 이야기를 들을 수 있는 장소입니다.

이왕 가족회의를 하는 김에 과자와 차도 준비하여 편하게 있을 수 있는 분위기를 만들어봅니다. 과자를 노리고 다가온 아이가 마지막에 흘린 말 한마디로 모두가 놀랐다는 에피소드도 들은 적이 있습니다.

반대로 강아지 산책, 드라이브, 레스토랑, 호텔 등 특별한 기회와 바깥 공간도 활용할 수 있습니다. 평소와는 다른 장소라면 자연스럽게 깊은 대화를 나누기 쉽습니다.

회의록 작성 방법

 회의를 표방했으니 이제 회의록을 작성해봅니다. 커다란 종이나 노트, 화이트보드, 붙임쪽지 등 아무거나 괜찮습니다. 다채로운 펜을 사용하거나 그림을 그리면 회의 분위기는 더욱 고조됩니다. 자녀가 초등학생 정도라면 아이에게 회의록을 작성시키는 것도 재밌겠지요.
 적으면서 발언을 하는 회의 방식의 최대 장점은 생생한 말과 감정을 적고 이를 객관적인 의견으로 바라볼 수 있다는 것입니다. 상황을 냉철하게 파악할 수 있습니다.
"이런 말을 했구나"
"그때 했던 고민은 극복했네"
 회의록을 나중에 읽어보면 가족의 변화와 아이의 성

장을 실감할 수 있어 소중한 보물처럼 느껴집니다.

테마 결정

- 형제 싸움 → 형제 싸움과 친구 싸움은 뭐가 다를까?
- 가사 분담 → 가족이 해줘서 기뻤던 일 발표
- 가리는 음식이 많아 → 피망은 어떤 맛일까?

가족회의에서 무엇보다 중요하고 고민되는 것은 테마 설정입니다. 가족회의를 할 때 무언가 해결하고 싶은 과제가 있을 텐데 이를 직접 테마로 설정하면 오히려 잘 해결되지 않는 경우가 있습니다.

- 형제 싸움 해소
- 가사 분담
- 아이 방 정리
- 아침에 준비할 게 많아, 끝이 없어!
- 게임 제한 시간
- 남편 귀가 시간이 늦어!

어느 가정에나 있을 법한 과제이지요? 하지만 과제를 그대로 테마로 정하면 상대방은 그 자리에서 혼나는 느낌이 들어 가족회의에 참여하기 싫어할 수 있습니다.

그렇다면 어떻게 해야 할까요? 같은 과제라도 직구를 던지듯이 문제를 제기하지 않고 아이가 흥미를 느낄 수 있는 관점으로 전환해보기를 추천합니다.

예를 들면 이러한 테마가 있습니다.

- 싸움에서 이기면 어떤 기분이 들까?
- 가족이 해줘서 기뻤던 일 발표회
- 왜 소중한 건 사라지는가?
- 물건을 잃었을 때 해결하는 방법은?
- 지금 푹 빠져 있는 것 알려주기
- 아빠는 일찍 귀가하면 무엇을 하고 싶어?

어디까지나 예시이지만 어른이 내리는 결론으로 마무리되는 테마를 설정하지 않고, 마치 놀이를 하는 식으로 이것저것 새로운 시도를 하면서 아이들의 생각을 묻는 회의를 해보는 건 어떨까요? 특히 처음에는 주말 일정이나 여행 계획 등 다 함께 설렘을 느낄 수 있는 내용을 테마로 삼는 것도 괜찮습니다.

항상 부모가 여행지를 정하는 가정이라면 가끔 아이가 정말 가고 싶어 하는 장소와 하고 싶은 일이 무엇인지 물어보는 방식도 좋습니다. 어른은 해외여행을 염두에 두었지만 의외로 아이는 멀지 않은 곳에서 흙놀이를 하고 싶다고 말할 수 있습니다. 아이의 목소리를 세심하게 듣는 것도 중요합니다.

그 밖에도 재밌는 테마는 많습니다. 부디 이 책에 나오는 테마도 참고해주세요.

규칙 ① 화내지 않는다

어린아이가 참여하는 가족회의는 업무 회의와는 달리 느슨해도 괜찮습니다.

초등학교 저학년 정도라면 장난을 치거나 정제되지 않은 단어를 연발하는 경우도 종종 있습니다(우리 가족처럼요!). 만약 그때 부모가 진지하게 하라고 소리친다면 모처럼 만든 대화 시간이 지루해지겠지요.

처음에 아이가 적극적으로 의견을 내지 않아도 실망할 필요 없습니다. 아이가 흥미를 느낄 수 있는 화제를 꺼내고, 옆길로 새더라도 이것저것 이야기하다 보면 어느덧 조금씩 말이 많아집니다. 그러다 보면 대화가 점점 즐거워질 것입니다.

규칙 ② 어른이 대변하지 않는다

 어린아이와 가족회의를 하면 언뜻 테마와 관련이 없는 이야기가 나오는 경우가 있습니다. 그때 "지금 이야기하고 있는 주제와 다르네"라고 하며 이야기를 강제로 종료하거나 "그러니까 이런 의미지?" 하고 아이의 말을 대변하면 아이는 자신의 입으로 말하기를 포기합니다.
 "그렇구나. 그래서?"
 이렇게 물으면서 흥미롭게 귀를 기울이면 결국 돌고 돌아 테마와 관련된 자신의 생각을 알려주는 경우가 많습니다. 아이가 본인의 페이스에 맞게, 자신의 말로 표현해줄 때 얻을 수 있는 감동과 발견은 부모의 세상을 밝혀줍니다.

규칙 ③ 지겨우면 끝낸다

 회의는 길어지면 피곤한 법입니다. 다들 그렇게 느끼지요? 가족회의는 짧아도 괜찮습니다. 가끔 논의에 불이 붙어도 괜찮지만 어린 자녀가 있다면 하나의 테마당 10~15분 정도가 적당합니다.
 각자 의견을 내고 회의록에 적은 말을 바라보며 되짚어보는 데 그렇게 긴 시간은 필요하지 않습니다. 만약 누군가 지겨워하며 자리에서 일어서면 그것이 바로 마

무리 신호입니다.

"오늘은 종료! 다음에 또 하자"

기분 좋게 끝내고 다음 기회에 다시 이어가면 됩니다. 무엇이든 말할 수 있는 자리를 습관적으로 만드는 것이 중요합니다.

규칙 ④ 단번에 해결책을 찾지 않는다

'가족회의를 해도 응어리가 남아 있다'는 의견을 들은 적이 있습니다. 하지만 단번에 문제를 해결하지 않아

도 됩니다. 가족이라고 해도 생각은 각각 놀라울 정도로 다릅니다. 어른이라서 정답, 아이라서 오답인 경우는 그다지 많지 않습니다.

서로의 생각을 꺼내 설령 부딪치더라도 다음 기회에 마음을 가다듬고 대화하는 것이 가족회의의 묘미입니다.

부모가 제대로 이야기를 들어주는 것만으로도 아이는 의사 전달과 상호 존중의 중요성을 몸소 느낄 수 있습니다. 그러다 보면 이윽고 예상치도 못한 방법으로 과제가 해결되는 순간이 찾아올 것입니다.

제안해도 시큰둥한 가족은 어떻게 해야 할까?

'가족회의를 해보고 싶지만 제안하기가 어렵다'는 의견도 들었습니다. 그렇지요. 반드시 가족 모두가 같은 시기에 가족회의를 하고 싶은 마음이 든다는 보장은 없습니다.

너무 어려 회의 내용을 이해하지 못하는 아이, 한창 반항기를 겪는 중학생, 직장에서 회의를 잔뜩 하고 지친 부모님, 처음부터 가족회의에 전혀 관심이 없는 조부모 세대 등 아무리 제안해도 시큰둥한 반응을 보이는 사람은 있습니다.

가족 대화가 필요 없다고 믿는 사람을 억지로 회의 자리에 데리고 올 수는 없습니다.

남자는 과묵해야 한다는 신념이 있는 아빠

한 가정의 이야기를 해보겠습니다. 맞벌이 부부와 초등학교 4학년 딸로 구성된 이 가정은 소통을 개선하고 싶다며 몇 번이나 가족회의에 도전했습니다.

다만 아내보다 열 살 많은 남편은 '남자는 과묵해야 한다'는 신념을 갖고 있었습니다. 새삼스레 가족 대화에 의의를 느끼지 못하는 모습이었습니다.

부부나 가족 문제에 관해 이야기하려 하거나 자신과 다른 의견이 나오면 남편은 무심결에 공격적으로 변합니다. 결국 아내와 딸은 반발하거나 의견을 꺼내지 않고 침묵하게 됩니다. 이러면 한층 더 문제가 꼬이지요.

남편은 분명 진지하게 대화를 나누기보다는 함께 있는 시간 속에서 자연스러운 유대감을 느끼고 싶은 사람

일 것입니다.

다만 아내는 딸을 위해 부모 자녀 간 소통을 개선하고 싶다는 강한 열망이 있었습니다. 그 열망을 남편이 받아주지 않아 괴로웠지요.

"제가 자란 가정에서는 부모님에게 모든 결정권이 있었기 때문에 우리 자매는 부모님에게 의견을 말한 기억이 없어요. 지금도 부모님과 대화하기가 어렵고, 심지어 타인과 이야기할 때도 어려움을 느껴요. 딸은 그런 경험을 하지 않았으면 해요" 아내는 이렇게 토로했습니다.

두 사람만 참여하는 회의도 OK

아내는 어느 순간부터 남편에게 제안하기를 관두고 딸과 2인 회의를 시작했습니다.

"동아리 활동을 그만둘까?"
"매년 가던 여름 캠프는 언제까지 갈까?"

딸과 관련된 일은 부모가 의견을 내기 전에 우선 본인의 생각을 차분히 듣기로 했습니다.

처음에 딸은 엄마를 배려해 조심스럽게 이야기했다고 합니다. 하지만 서로의 의견을 보드에 쓰거나 사안의 장점 및 단점을 고려하다 보니 점차 자유롭고 생생한 발언이 늘었습니다.

"엄마, 그 의견은 이해가 안 돼. 이유 두 개만 설명해 줄 수 있어?"

"장점, 단점 둘 다 생각해보니까 장점이 훨씬 큰 것 같아"

차분하게 상대의 의견에 귀를 기울이면서도 자신의 생각을 또박또박 전하는 딸의 모습에 엄마는 감동받았다고 합니다.

"부모가 의견을 강요하지 않고 '나는 이렇게 생각하는데 네가 그렇게 생각하는 이유는 뭐야?'라는 자세를 지니는 것만으로도 딸의 솔직한 목소리를 들을 수 있어 전보다 더욱 관계가 좋아진 것 같아요" 여성은 이렇게 설명했습니다.

이 가정의 사례처럼 항상 모두가 참여하지 않아도 괜찮습니다. 가족끼리 속마음을 다 드러내 보이고 싶지 않은 사람은 나름대로 이유가 있겠지요. 그 생각을 존중하는 것도 중요합니다.

설령 모두가 참여하지 않아도 가족 중 일부가 대화

형태를 바꾼다면 전체적인 소통 분위기가 달라질 수 있습니다.

어느 날 누군가가 "나는 이렇게 생각하는데" 하고 끼어들면 언제든지 환영해줍니다. 그리고 참여를 강제하지는 않지만 네 의견도 들려달라는 식으로 회의 구성원을 늘리면 됩니다.

5장 사토 가족

스스로 생각하고 행동하는 사람 되기!

세상을 바꾸는 가족회의?

가족 구성

*2022년 당시 나이

아빠 요헤이
엄마 노리요
장남 요이치(16세)
차남 소사쿠(13세)

5장
사토 가족

 가족회의 여정도 후반부에 접어들었습니다. 취재를 통해 여러 가족회의에서 아이들의 개성적이고 흥미로운 발언을 듣다 보면 매우 유쾌한 기분이 듭니다. 아이들은 세상을 정확하게 바라보고 있구나 하고 감탄도 하지요. 그리고 저도 아이의 의견을 더 열심히 들어야겠다고 다짐하게 됩니다.

 우리 가족도 가족회의 덕분에 상당히 다양한 이야기를 나눌 수 있게 됐습니다. 가끔 TV와 라디오 등의 취재를 받는 경우도 있습니다. 부담감에 식은땀이 흘렀지만 가족회의가 널리 퍼지길 바라며 수락했습니다.

동시에 이러한 질문을 받는 경우도 많아졌습니다.

"가족회의의 장점은 무엇입니까?"
"아이 장래에 어떤 효과가 있나요?"
"도쿄대학교에 갈 수 있을 정도로 똑똑해질까요?"

장점? 효과? 도쿄대학교?

이런 질문을 받으면 전 언제나 말문이 막힙니다. 우리 집에 있는 개구쟁이는 야구에 열중하고 있습니다. 섬세한 성격을 지닌 딸은 만들기 놀이와 사진에 빠져 있지요. 두 아이를 재밌게 키우고는 있지만, 장래에 어떤 사람이 될지 질문을 받는다면 할 수 있는 대답은 딱 하나입니다.

"죄송해요. 모르겠어요!"

다만 한 가지는 말할 수 있습니다. 가족회의를 하는 가정의 자녀들이 짓는 표정과 발언에서는 자신의 가능성을 믿는, 생기 넘치는 힘을 느낄 수 있다는 것입니다.

이쯤에서 가족회의를 하며 자란 아이들이 어떻게 성장했는지 뒷이야기를 들을 수 있는 가족을 소개하겠습니다. 오이타현 우스키라는 성하마을에 사는 사토 가족입니다.

가족회의를 하며 자란 아이들의 대활약

깊은 산과 아름다운 만에 둘러싸인 우스키시는 아빠 요헤이씨의 고향입니다. 나가노에서 살다가 2015년에 아이를 데리고 귀향했습니다.

사토 씨는 할머니에게 물려받은 집을 가족의 드림하우스로 만들기 위해 1여 년간 가족회의를 계속하면서 대부분 직접 리모델링을 했습니다.

취재차 방문했을 때 초등학교 3학년과 6학년이었던 남자아이들이 어떤 질문에도 두려워하지 않고 또박또박 대답하는 모습에, 젠체하지 않고 자신들의 삶을 담담히 소개해주는 모습에 매우 깊은 감명을 받았습니다.

뒤뜰에서 키운 채소로 요리하고 장작을 능숙하게 팼으며 근처 바다에서 우스키식 전통 수영법을 보여주기도 했습니다. 한마디로 말하면 정말 즐겁게 사는 것 같았습니다.

구릿빛 피부의 아이들은 지금쯤 어떤 모습으로 자랐을까? 문득 호기심이 생겨 이번 기회에 사토 가족을 다시 취재하고 싶다고 요청하자 요헤이 씨가 흔쾌히 응해주었습니다.

"당연히 괜찮죠. 하지만 최근에는 가족회의를 그다

지 열지 않아요. 아이들은 이제 스스로 생각하고 행동할 수 있거든요"

장남 요이치는 고등학생, 차남 소사쿠는 중학생이 되었습니다. 두 사람 모두 학교생활뿐만 아니라 우스키식 전통 수영법 연습과 밭일, 취미, 방과 후 활동, 그 밖에 하고 싶은 일을 하며 바쁜 나날을 보냅니다. 가족이 얼굴을 마주하는 건 저녁 식사를 할 때 정도라고 합니다.

특히 장남 요이치의 활약이 눈부십니다. 몇 년 전부터 시작한 SDGs(옮긴이주: 지속가능한 발전목표)활동으로 주목받아 환경활동가 온라인 회의에 초청받았고, 주식회사 유글레나 경영전략 회의에 참여하는 18세 이하 서밋 멤버로 선정되었습니다(어떤 회의인지 본인에게 물어보니 기업 비밀이라고 하네요). 여기저기서 부르는 곳이 많은 모양입니다.

이제는 설명을 들어도 곧장 이해하지 못할 정도로 어려운 SDGs 활동을 벌이는 청년으로 성장했습니다. 예전부터 대단한 아이라고 느꼈지만 대체 무슨 일이 일어난 걸까요?

자세하게 물어보기 전에 우선 사토 가족의 리모델링 회의부터 짚어보겠습니다.

이상적인 집을 만드는 대규모 가족회의

사토 가족이 오이타현으로 이사를 왔던 당시 요헤이 씨의 할머니가 노후에 살던 집은 사토 가족의 말을 빌리자면 '금방이라도 쓰러질 것 같은 폐가'였습니다.

집으로 들어가면 화장실과 안방에서 바퀴벌레와 지네가 우르르 쏟아져 나왔고 거실 다다미 밑에서는 대나무가 자라 다다미를 뚫고 올라왔습니다. 욕실은 추워서 몸이 얼어버릴 것 같았습니다.

보통은 의욕이 꺾일 만한 상황입니다. 그러나 사토 가족은 문제가 눈앞에 나타났을 때야말로 가족회의가 나설 차례라고 여겼습니다.

이사 후 가장 먼저 사토 가족이 실시한 것은 '대규모 가족회의 / 없으면 만들자, 이상적인 우리 집'이었습니다.

첫 회의는 '이런 집을 만들고 싶다'는 아이디어 회의였습니다. 아이들은 차례로 의견을 내놓았습니다.

- 편하게 쉴 수 있는 집
- 밝고 깨끗한 화장실
- 장작 땔 수 있는 욕조
- 놀이터나 파티 장소
- 친구를 부르고 싶은 집
- 겨울은 따뜻하고 여름은 시원한 친환경 하우스

말 그대로 이상적인 집입니다. 하지만 그 모든 걸 지어진 지 50년 된 낡은 주택으로 실현할 수 있을까요?

만약 저였다면 "장작으로 데우는 욕조는 관리하기 힘

들지 않아?", "리모델링 비용은 어느 정도 들어?" 하고 부모의 판단하에 제한을 둘 것 같습니다.

하지만 사토 가족의 경우, 우선 부모가 고개를 끄덕이며 아이들이 내놓은 아이디어에 진심으로 흥미를 보입니다. 그리고 어떻게 실현할 수 있을지 아이들과 철두철미하게 의논합니다.

- 무엇을 하고 싶어?
- 어떻게 행동할까?
- 언제 할까?
- 누가 할까?

네 가지 질문을 중심으로 이상을 구체적인 행동으로 구현합니다. 일이 잘 풀리지 않을 때는 타인에게 도움을 요청하거나(실제로 목수 일을 하는 먼 친척이 작업을 도와주었다고 합니다) 다시 고민해보는 등 몇 번이나 작전 회의를 반복했습니다.

실패 경험에서 배우게 만들겠다는 각오를 다지자

"아이들의 발상이 재밌어서 매번 감탄해요. 설령 실패하더라도 가족이 의논해서 정한 일이니 모두가 납득할 수 있어요" 엄마 노리요 씨가 이렇게 설명했습니다.

실제로 아이들이 낸 아이디어가 전부 성공하지는 않았습니다. 예를 들어 리모델링 전 욕실에는 옷을 벗을 만한 공간이 없어 나무 발판을 놓고 그 위에서 옷을 갈아입어야 했습니다. 하지만 낡은 나무 발판이 썩어 있었고, 아이들은 발판을 직접 만들고 싶다고 가족회의에서 제안했습니다. 설계도부터 재료 조달, 조립까지 두 아이가 도맡기로 했습니다. 기본적으로 부모는 간섭하지 않고 초등학생 두 명에게 맡긴 것입니다.

저였다면 아이들이 설계도를 그릴 때 옆에서 "거기 사이즈 맞아?"라고 묻거나 재료를 사러 갈 때 따라가서 "조금 더 저렴한 재료를 고르는 게 어때?", "그거 너무 짧은 것 같아" 하고 이리저리 훈수를 두었을 것입니다.

하지만 가족회의에서 결정한 이상, 주도권을 아이에게 넘기는 게 사토 가족의 방식입니다. 결국 아이들이 만든 나무 발판은 틈새가 넓어 실제로 사용하기에는 불편했습니다.

"괜찮아요. 이것도 경험이에요. 매번 성공하지 않는다는 전제하에 어떻게 해결할지 다시 즐겁게 의논하면 돼요"

"특이한 발판이지만 아이들이 하나부터 열까지 계획하고 만들었어요. 지금도 욕실은 아니고 다른 곳에서 활용해요. 게다가 '다음에 만들 때는 편의성을 고려해서 만들자'는 반성을 할 수 있었어요. 처음부터 어른들이 간섭하면 아이들은 스스로 생각을 못 해요. 재밌는 의견도 나오지 않고요" 정말 맞는 말입니다. 저도 반성해야겠네요.

사토 가족은 이후에도 힘을 합쳐 장작을 때는 욕조와 깔끔한 화장실을 완성했습니다. 거실에는 오이타현에서 자라는 천연 목재를 사용했습니다. 직접 만든 집이었기에 아이들은 더욱 애착을 가졌고 스스로 장작 패기와 청소를 적극적으로 한다고 합니다.

3세 때부터 대화하는 습관을 만들자

사토 가족의 과제 해결 체험형 회의는 요이치가 세 살이었을 때부터 시작했다고 합니다. 세 살이라니, 정말 놀랍습니다.

어릴 적부터 자신의 생각을 전하고 행동해왔기에 실패를 두려워하지 않고 긍정적으로 도전할 수 있는 청년으로 자란 것입니다. 하지만 대체 세 살짜리 아이와 어떻게 대화를 나눠야 할까요?

"처음에는 '오늘 어떻게 보낼까?' 같은 간단한 주제도 괜찮아요. 다만 아이가 무언가 하고 싶다고 이야기할 때 어떤 방법으로 할지 물어봐요"

요헤이 씨는 부모가 습관적으로 질문을 던지면 생각하는 힘이 몸에 밴다고 설명했습니다.

형은 고기, 동생은 스시를 먹고 싶어 → 둘 다 먹을 수 있는 김말이 초밥을 먹자!

설거지 당번제는 재미없어 → 매번 네 사람이 가위바위보를 하면 재미있을 거야!

여름방학을 알차게 보내려면? → 시행착오가 있더라도 하고 싶은 일은 전부 해보자!

초등학생이 되고 나서 아이들은 스스로 생활 속 작은 과제를 찾고 해결책을 모색하기 시작했다고 합니다. 정말 대단한 아이들입니다.

우리 아이들은 고민 자체를 귀찮아하면서 "뭐든지 좋아", "딱히 (의견은) 없어"라고 대답할 것 같은데 말이죠. 그러면 전 욱했겠지요.

"우리도 그랬어요. 아이들이 싫증을 내고 말을 듣지 않은 적도 있어요. 하지만 그때 부모가 화를 내면 가족회의 자체가 싫어져요. 그래서 어른들이 가급적 즐거운 분위기를 만들려고 했어요" 요헤이 씨는 제 말에 동의하면서도 이렇게 덧붙였습니다.

노리요 씨는 "게다가 불평하거나 심통을 부리면 원하는 걸 들어주지 않지만 가족회의에서 의견을 말하면 삶이 더욱 즐거워진다는 걸 아이들이 알게 되었지요"라고 말했습니다.

"가족회의에서 발언하는 건 자신에게도, 모두에게도 좋은 일이라는 생각이 아이들 마음속에 뿌리내렸어요"

불만과 실패를 과제로 바꾸어 의논하고 행동하기. 이를 거듭 실천하는 사이에 가족회의는 사토 가족의 울타리를 넘어 지역사회로 확대되는 형태로 변화했습니다.

개인의 과제에서 세상의 과제로

뜰에서 채소를 기르고 싶어 → 벌레가 오이 잎을 군데군데 갉아먹었어 → 하굣길에 밭일하는 이웃 아줌마에게 배운 천연 살충제를 써보자

우리 마을에서 잡히는 생선을 집에서 맛있게 먹고 싶어 → 이른 아침에 어시장을 들여다보자 → 어부들이나 요리사와 친해져서 생선 손질법을 배우자

사무라이처럼 바다에서 헤엄치고 싶으니까 우스키 전통 수영법을 배울 거야 → 조상의 지혜와 전통 계승의 중요성을 선생님에게 배우자

요이치와 소사쿠는 가족회의를 통해 결정한 목표를 실현하기 위해 이웃과 연대하기 시작했습니다. 이웃과 연대하자 자연스럽게 지역사회 과제에도 관심을 갖게 되었습니다.

어시장에 갔을 때 어부들이 생선 어획량 급감 문제를 설명해주었습니다. "왜 생선이 덜 잡히는 걸까?" 요이치는 지역 과제와 자연환경의 연관성에 흥미를 품었습니다.

2017년 규슈 북부 호우 때는 혼자 살던 여성이 고립

되자 가족이 함께 카누를 타고 도와주러 갔던 적도 있다고 합니다.

중학교에서는 전교 회장이 되었는데, 임업에 정통한 지역 주민에게 오랜 기간 방치된 학교 소유의 노송나무 숲이 있다는 이야기를 들었습니다.

지역 과제를 해결하고 싶어.
자연환경을 배울 곳이 없으니 학교 숲을 배움의 장으로 만들고 싶어.

요이치는 이런 생각을 하게 됐습니다.

과제 해결을 위해 동료를 늘리자

하지만 당시는 SDGs라는 단어가 요즘만큼 알려지지 않았습니다. 교장 선생님에게 이야기는 했지만 어떻게 하면 모두의 이해를 구하고 일을 진행할지 실마리가 잡히지 않았습니다.

이때 요이치는 학교 복도에 있는 화이트보드에 도표를 그려 자연환경의 중요성을 알렸습니다.

"우선 선생님들이 흥미를 보였어요. 설명하니까 이후에 수업 시간을 쪼개어 지역 환경에 대해 배우는 시간을 만들어주었죠"

또한 평소에 영화나 TV 이야기로 왁자지껄 떠들던 반 친구들이나 학생회 친구들을 데리고 학교 숲으로 향했습니다. 산책하면서 SDGs가 우리의 삶을 개선한다고 강조하자 모두 흥미를 보이며 프로젝트에 협력해 주었다고 합니다. 그렇게 동료를 늘려간 것입니다.

"어릴 적 가족회의에서 아무런 의견이 나오지 않았을 때 아빠가 종종 '나는 이렇게 생각하는데 다들 어떻게 생각해?'라는 질문을 해주었어요. 덕분에 '아, 그렇게 생각할 수도 있구나. 나는 이렇게 생각해'라고 대답할 수 있었죠. 이 경험을 떠올려 학교에서도 먼저 제 생각을 설명하니까 다들 좋은 아이디어를 많이 내놓기 시작하더라고요"

학교 숲을 정비하여 자연환경 배움터로 삼으려는 학교의 노력은 신문과 TV의 주목을 받았고, 2020년 12월에 요이치는 일본 환경성 주최 '굿 라이프 어워드' 실행위원회 특별상을 받았습니다. 중학교를 졸업한 지금도 요이치는 고문역을 맡아 후배들이 어려움에 처할 때 상담해준다고 합니다.

아이들이 자유롭게 도전할 수 있도록

오이타현의 작은 마을에서 이 정도로 활약하면 크게 이목을 끌었겠지요. 그래서 요이치는 종종 어른들에게 "장래 희망이 뭐야?"라는 질문을 받았다고 합니다(네, 저도 질문했습니다).

요이치는 이렇게 말했습니다. "아직 모르겠어요. 죄송해요, 하하. 하지만 지금 관심 있는 일을 계속하다 보면 어딘가로 이어지지 않을까 싶어요" 훌륭한 대답입니다. 요이치는 커다란 욕심이 없고, 단지 일상에서 찾은 과제를 다 함께 의논하고 해결하여 더 나은 삶을 살아가려고 하는 것입니다.

"저는 오이타현에 온 이후로 매일 설렘 가득한 나날을 보내면서 하고 싶은 일을 하고 있어요. 밭을 일구고 바다에서 수영하고 낚시한 생선을 손질해서 식구들에게 대접하죠. 이런 일상의 반복이에요. 우스키의 풍요로운 자연과 아름다운 바다가 있기에 가능해요. 이게 전부 연결된 것 같아요. 그래서 이 환경을 지키고 싶고, 한편으로는 충분히 활용되지 않는 것 같아 아쉽기도 해요"

한편 공작 활동을 좋아하는 동생 소사쿠는 리모델링 후에도 집에 필요한 가구와 뜰에 장식할 오브제, 덩굴

성 식물 여주로 담벼락을 만들어 큰 활약을 펼치고 있습니다.

어떻게 오이를 예쁘게 키울지 연구하거나 무인도에서 날이 저물 때까지 낚시를 합니다. 그리고 좋아하는 디즈니 영화도 열심히 조사합니다. 한자 이름에 담긴 의미대로 창의적으로 꽃을 피워내면서 삶의 즐거움을 키워가고 있습니다. 요이치가 프로젝트로 골머리를 앓고 있을 때 참신한 아이디어로 숨통을 틔운 사람도 소사쿠였습니다.

"가족회의는 줄었지만 아이들이 훌륭하게 활약해주고 있어서 감탄이 절로 나와요. 이제는 부모에게 배울 게 없는 것 같아요" 사토 씨 부부는 활짝 미소를 지었습니다.

아이들이 자신을 인정하고, 자신다운 모습으로 날개를 펼칠 토대를 다진다.
이를 위해 스스로 생각하고 움직이며 도전하는 방법을 전한다.

바로 이것이 가족회의의 커다란 역할입니다.

사토 가족에게 배울 점

사토 가족의 회의는 과제 해결 실천형입니다. 의논하는 데서 그치지 않고 철저하게 행동으로 옮기는 것이 커다란 열쇠이지요. 원만하게 풀리지 않아도 가족이 즐겁게 해결하면 좋은 경험이 됩니다.

회의할 때 사토 가족이 지키는 세 가지 철칙은 아래와 같습니다.

- 우선 아이 의견에 귀를 기울인다.
- 어른의 상식으로 좋고 나쁨을 판단하지 않는다.
- 실패해도 배움의 기회라고 여기며 즐긴다.

두 번째 항목 '어른의 가치관으로 아이를 판가름하지 않는 것'이 사토 가족의 훌륭한 점입니다. 예를 들면 사회활동가로 성장한 요이치는 누가 봐도 눈부실 정도로 멋진 아이입니다. 하지만 사토 씨는 '우수한 인재가 될 가능성'만을 기준 삼아 아이를 바라보지 않습니다.

동생 소사쿠의 자유로운 성격과 천진난만함, 몸소 낚시하여 생선을 척척 잡는 재능, 항상 참신한 아이디어를 내는 독창성과 개성에도 가족 모두 지지를 보냅니다.

어릴 적부터 아이의 개성을 소중히 하면서 계속 대화하고, 있는 모습 그대로 인정해주는 가정환경을 만드는 것. 이것이 사토 가족에게 배울 수 있는 가장 중요한 가족회의의 포인트입니다.

6장 나카가와 가족

성인이 된 이후 의의를 더욱 실감하다

사춘기 남자아이에게 프레젠테이션 요구!

금전 교육 회의

가족 구성

*2022년 당시 나이

아빠 시게카쓰
엄마 미유키
아들 하루카(23세)

6장
나카가와 가족

수도권에 사는 나카가와 가족은 공동으로 회사를 경영하는 시게카쓰 씨와 미유키 씨, 사회인 1년 차인 하루카로 구성된 3인 가족입니다.

가족회의를 시작한 시점은 10년 전 아들이 중학생이었을 때입니다. 아빠 시게카쓰 씨가 재혼하여 미유키 씨와 함께 살기 시작한 것이 계기였습니다.

사춘기에 접어들고 나서, 게다가 같이 살게 된 새엄마와 함께 참여하는 가족회의는 대체 어땠을까요? 어색했을까요? 재밌었을까요? 억지로 했을까요? 아이의 입장에서 가족회의는 어떤 느낌이었을까요?

가족회의를 하며 자란 아이의 대표 격으로서 하루카에게 이런 질문을 던져보고 싶었습니다.

이번에는 부모의 재혼에서 시작된, 조금은 비즈니스 회의 같은 가족회의의 모습과 부모 자녀 양측의 관점에서 본 회의의 효과를 소개하겠습니다.

중학생 남자아이와 잡담하기가 어려워

시게카쓰 씨와 미유키 씨가 결혼했을 때 하루카는 중학교 2학년이었습니다. 결혼 전 몇 년간의 교제 기간이 있어 서로 알아갈 기회는 있었지만 하루카는 한창 감수성이 풍부한 나이였습니다. 그래서 새로운 일원이 생긴 나카가와 가족에게는 당초 '잡담 장벽'이 있었다고 합니다.

"하루카의 첫인상은 몸집이 작고 귀여운 아이였어요. 하지만 막상 무언가 이야기하려 해도 대화가 이어지지 않았어요. 공통 화제가 없었죠" 미유키 씨가 당시를 떠올렸습니다. 그 나이대 아이와 성인 여성이 잡담을 나누기는 쉽지 않지요.

함께 살기 시작한 이후 세 명이 같이 있을 때는 그럭

저력 대화했지만 두 사람만 남는 순간 미유키 씨와 하루카는 말문이 막혔습니다. 서로 좋은 인상을 갖고 있었지만 어색했습니다. 가족이 되고 나서 오히려 거북해진 상태에서 시간만 흘렀습니다.

가족 대화에 필요한 건 형식

미유키 씨는 우선 자신이 할 수 있는 일을 하기 위해 집안일을 혼자 도맡으며 남자 두 명이 살았던 집에 익숙해지려고 노력했습니다. 그러나 기대와는 달리 엉뚱한 결과를 낳았습니다. 무리하다 탈이 났는지 몇 개월 후 미유키 씨는 몸 상태가 나빠져 병원에 입원했습니다.

하루카는 당시 상황을 이렇게 떠올렸습니다. "저는 누나(하루카는 미유키 씨를 누나라고 부릅니다)가 집에 들어와서 싫었다거나 조심스러웠던 기억은 없어요. 하지만 누나는 하고 싶은 말을 하지 못하고 가만히 참는 것 같았어요. 입원했을 때, 역시 그랬구나 싶었죠"

하루카는 미유키 씨의 가사 부담이 큰 것 같다고 느꼈습니다.

"내가 더 많이 도울 수 있으니까 필요하면 말해줘"

하루카는 입원 중에 미유키 씨에게 이렇게 전했습니다. 두 사람의 모습을 보고 시게카쓰 씨는 가족회의를 열기로 결정했다고 합니다.

"뭔가 형식이 필요하다고 느꼈어요. 자연스럽게 상대방에게 뭐든 말할 수 있는 분위기가 있다면 가족회의는 필요 없을 겁니다. 하지만 당시 우리 집에는 그런 분위기가 생길 계기가 아직 없었어요. '이 시간에는 모여서 가족에 대한 이야기를 나누자' 하고 형식을 만들면 다 함께 그러한 방향으로 나아가지 않을까 싶었죠"

이는 재혼 가정에 국한된 이야기가 아닙니다. 누구든 상대방에게 하고 싶은 말을 하지 못해 응어리가 맺히는 경우가 있습니다. 혼자만 부담을 지거나 지나치게 배려하면 결과적으로는 어느 시점에서 폭발합니다. 타인과의 대화보다 오히려 가족 간 대화에 '형식'이 필요한 경우가 분명히 있을 것입니다.

매주 일요일 아침은 고메다 커피로 집합!

미유키 씨가 퇴원한 뒤 나카가와 가족에게는 한 가지 규칙이 생겼습니다. 매주 일요일에 고메다 커피에서 아침 식사를 하며 가족회의를 한다는 규칙입니다. 이름하여 고메다 미팅, 줄여서 '고메팅'입니다.

"아들에게 가족회의를 제안했을 때 거부하지 않더라고요. 아들도 미유키와 조금 더 대화하고 싶었던 것 같아요"

회의에서는 시게카쓰 씨가 파워포인트로 작성한 어젠다를 바탕으로 가사 분담이나 신경 쓰이는 일을 의논합니다. 하루카가 회의록을 정리해 신문을 만들도록 역할 분담도 했습니다.

테마에 대해 의논하고 회의록을 정리해 다음 회의에서 경과보고를 하는 방식은 그야말로 회사에서 여는 회의 같습니다. 가족답지 않다고 평가하는 사람도 있겠지요.

하지만 중학생이 되어 컴퓨터와 파워포인트 작성에 흥미가 생긴 하루카에게는 이 형식 자체가 유의미했고 대화의 실마리가 되었다고 합니다.

테마는 기본적으로 매달 동일합니다.

- 일주일 가사 분담
- 이번 달 도전하고 싶은 일
- 지난 달 했던 일과 개선점
- 부모의 수입 보고와 한 달 회계 보고
- 다음 달 수입 목표와 저금 액수
- 출장 등 장기적이고 불규칙한 일정 공유

가볍게 적은 것 같지만 내용을 들여다보면 수입 보고에 회계 보고도 있습니다. 부모의 저금 액수, 다음 달 수입 목표까지 발표하다니….

가족회의에서 실행하는 금전 교육

"가사 분담이란 각자 역할을 맡아 모두가 가정을 꾸려 나가는 것을 의미해요. 그렇다면 가족이 사용할 수 있는 돈을 모두가 파악할 필요도 있어요. 금전 문제만 애매하게 감추면 도리에 어긋날 것 같았어요" 미유키 씨가 설명했습니다.

어른은 일을 해서 수입을 얻지만 아이에게는 학업이 일이나 마찬가지입니다. 모두가 가사에 협력해서 가정을 '경영'할 경우, 생활에 쓸 돈을 아이에게 오픈하지 않는다면 아이 입장에서는 불공평하다고 느낄 수 있다는 것입니다.

그렇군요. 취지는 이해가 갑니다. 하지만 우리 집에 대입해보면, 시기에 따라 격차가 극심한 프리랜서인 제가 얼마를 버는지 아이에게 전하는 데에는 용기가 필요합니다.

"엄마, 그 정도밖에 못 벌어?" 아이에게 이런 말을 들으면 충격을 받아 울음을 터트릴 것 같습니다.

"아이의 연령과 상황에 따라서는 어려울 수 있어요. 밖에서 우리 집은 얼마 번다고 떠들고 다니면 난감하겠지요"

나카가와 가족의 경우, 당시 하루카는 중학생이었습니다. "슬슬 알아도 될 것 같았어요" 시게카쓰 씨가 말한 대로 장래를 내다보고 금전 교육을 하기에는 적당한 타이밍이었습니다.

"부모님의 수입을 알게 되어서 재밌었어요" 가족회의를 통해 자연스럽게 현실적인 금전 문제를 배우는 건 하루카에게도 기쁜 일이었던 모양입니다.

사업을 하는 부모의 수입은 달마다 다릅니다. 대략적인 수입 전망은 있지만 그대로 실현되지 않는 경우도 있고 반대로 목표액을 평소보다 높게 설정해 추가적인 일을 할 수도 있습니다. 쓸 수 있는 돈에 한계가 있고 생활비 융통은 필수적이라는, 어찌 보면 당연히 익혀야 할 금전 감각이 자연스럽게 하루카의 몸에 뱄다고 합니다.

"대학 시절 자취를 시작했을 때도 생활하려면 얼마 정도 필요하겠다, 이번 달은 아르바이트를 열심히 해서 지갑에 얼마 정도 있으니 생활비 이외에 다른 곳에 쓸 수 있겠다, 같은 계산법을 처음부터 감각적으로 알았던 것 같아요" 돈과 생활이 밀접하게 연결되어 있음을 배웠던 것입니다.

스마트폰을 원한다면 프레젠테이션을!

동시에 하루카는 갖고 싶다고 뭐든 손에 넣을 수 있는 건 아니라는 것도 가족회의를 통해 배웠다고 합니다.
"중학교 3학년 때 주변에서 다들 스마트폰을 들고 다녔어요. 그래서 저도 갖고 싶었죠. 부모님에게 부탁하니 왜 필요한지 프레젠테이션해보라고 말씀하시더라고요"
하루카는 처음에 2G 휴대전화와 스마트폰의 차이, 기종별 차이를 워드 파일로 정리해 시게카쓰 씨에게 메일로 보냈습니다. 하지만 즉시 반려당했습니다.
"프레젠테이션은 메일로 자료를 보내는 게 아니야" 시게카쓰 씨는 인정사정없었습니다.
"기능 차이를 묻는 게 아니야. 스마트폰 사용의 장단점은 무엇인지, 부모가 걱정하는 점은 무엇인지, 하루카는 어떻게 생각하는지 듣고 싶어" 미유키 씨의 조언을 듣고 하루카는 다시 자료를 작성했습니다. 고생이 이만 저만 아니네요.

가족회의에서 몇 번이나 프레젠테이션을 한 끝에 드디어 스마트폰을 얻었습니다. 부모에게도 끈기가 없으면 불가능하지만 중학생 남자아이에게는 터무니없이 귀찮은 일입니다.

"용케 반항하지 않았네?"

어른이 된 하루카에게 묻자 그는 이렇게 대답했습니다. "물론 귀찮았어요! 하지만 저는 뼛속 깊이 성실한 것 같아요, 하하"

하루카는 돌이켜 보면 '무언가 하고 싶은 일, 갖고 싶은 물건이 있으면 이유를 확실하게 말로 전해야 한다'는 규칙이 자신을 성장시켰다고 합니다.

"무언가를 원하면 가족 모두 예외 없이 상대방이 납득할 때까지 설명해야 했어요. 부모님도 제안할 때 현재의 불만을 설명하고 어떻게 바꾸고 싶은지, 해결책은 무엇인지, 이를 위해 어떻게 협력해주었으면 하는지 등을 구체적으로 이야기해주었어요. 그래서 저도 순순히 협력할 수 있었어요. 이런 대화 경험은 성인이 되어 사회에 나온 지금도 정말 도움이 되는 것 같아요"

가사 분담이 누군가에게 쏠려 있으니 도와줘.

동아리 활동을 그만두고 싶어.

학교 혹은 업무 때문에 고민이야.

일반적인 대화에서는 심각해지거나 서로의 주장이 부딪쳐 싸움으로 번질 만한 문제도 가족회의에서는 이상하게 감정적으로 변하지 않고 차분히 전할 수 있었다고 세 사람은 입을 모아 이야기했습니다.

거의 반응하지 않는 반항기에도 가족회의에 참여

가족회의를 계속하면서 잡담을 쉽게 나누지 못하는 분위기는 어느새 사라졌습니다. 미유키 씨도, 하루카도 매일 서로가 느끼는 점과 신경 쓰이는 점을 터놓는 시간이 늘었다고 합니다. 다행이라고 생각했던 것도 잠시, 이윽고 하루카의 반항기가 찾아왔습니다.

"중3에서 고2 정도까지는 무슨 말을 하든 뚱한 표정을 지으며 거의 반응하지 않았어요. 남편이 마치 대답하지 않는 TV를 향해 말을 거는 것 같았죠"

"공허했다니까요, 하하"

하지만 시게카쓰 씨와 미유키 씨는 단단한 사람이었기 때문에 눈썹 하나 까딱하지 않았습니다. 반항기도 개의치 않고 나카가와 가족회의 '고메팅'을 정기적으로 실시했다고 합니다. 하루카도 고등학생이었지만 선뜻 참여했습니다.

 "그때는 가족회의에 강제로 참여하는 느낌이 있어서 싫었어요. 하지만 부루퉁해 있어도 매달 한 번 일요일 아침에 고메다 커피에 가자고 아빠가 말을 꺼내더라고요. 어쩔 수 없지, 고메다 커피라면 가야지 싶었어요" 하루카는 식욕에 낚인 것입니다.

  가족회의는 일종의 불문율이었습니다. 아무 생각 없이 아침 식사를 하러 가서 부모가 나누는 이런저런 이야기를 들었고, 가사 분담은 약속했으니 일단 받아들였습니다. 이렇게 소극적이고 느슨한 자세로 계속 참여함으로써 나카가와 가족의 사춘기 문제는 일단락되었다고 합니다.

아들의 선택은 전부 신뢰할 수 있어

  어느덧 반항기도 끝을 고했습니다. 하루카는 희망 대학에 진학해서 자취를 시작했습니다. 전자공학 전공을 살려 일자리를 구했고 눈 깜짝할 사이에 어엿한 사회인이 되었습니다.

  하루카는 중요한 진로 문제를 전부 사후에 보고했다고 합니다. 그만큼 가족회의를 했는데 진로 문제는 사후 보고라고요? 이런 생각이 들 법도 하지만 이제까지 무엇이든 오픈하여 의논해왔기에 오히려 무한한 신뢰를 보내는 것입니다. 아들이 커다란 선택을 할 때 시게카쓰 씨는 일절 참견하지 않았다고 합니다.

"저는 솔직히 하루카가 조금 더 좋은 대학에 갈 수 있지 않았나 싶었어요." 자랑스러운 자식을 둔 엄마가 으레 그렇듯 미유키 씨는 기대를 내비쳤습니다.

"하루카가 진학할 때나 취직할 때, 사후 보고를 듣고 남편은 매번 기뻐했어요. '그렇구나. 재밌을 것 같은 대학이네', '무슨 업무야? 즐거워 보이는 직장이구나' 하고 웃는 남편을 보니 역시 본인이 선택한 길을 신뢰하고 응원하는 게 제일 좋다는 생각이 들었어요. 우리도 본인이 선택한 길을 마음껏 걸어왔으니까요."

"가족회의를 계속하면서 부모님이 항상 제 마음을 존중해준 게 감사해요. 절대 일방적으로 의견을 강요하지 않았어요. 언제나 이야기를 잘 들어주었죠. 그게 제일 고마워요."

서로의 의견을 차분하게 듣고 해결책을 모색하는 가족회의를 경험했기 때문에 사회에서도 하루카는 자연스럽게 주변 사람의 의견을 듣고 정리하는 역할을 맡는 경우가 많다고 합니다.

마지막으로 가족회의를 해서 가장 좋았던 점은 무엇인지 물어보니 하루카는 잠시 고민한 후 이렇게 대답했습니다.

"아빠는 저와 누나가 대화를 많이 할 수 있게 가족회

의를 제안했어요. 하지만 뒤돌아보면 아빠와의 잡담도 많아졌어요. 사실 그게 무척 기뻤죠"

정기적으로 가족회의를 함으로써 업무나 학교 이야기를 자연스럽게 할 수 있었고 공통 화제가 많아졌습니다. 하루카는 회의를 통해 상대방이 무엇을 생각하고 어떤 일을 하고 있는지 알 수 있기 때문에 회의를 하지 않는 시간에도 이야기하기 쉬웠다고 합니다.

부부, 부모와 자녀, 가족 한 사람 한 사람을 인간적으로 존중하는 건 말처럼 간단하지 않습니다. 때로는 오히려 가족이기에 더욱 어렵습니다.

나카가와 가족은 언뜻 데면데면해 보이는 회의 형식을 통해 자신들이 편안함을 느낄 수 있는 최고의 가족 형태를 만들었습니다.

나카가와 가족에게 배울 점

나카가와 가족은 아들이 사춘기에 들어선 이후 가족회의를 시작한 사례입니다. 중학생 남자아이에게 가족회의를 권하는 건 어려운 일이지만 나카가와 가족은 카페라는 외부 공간에 데려가 아이패드를 사용해서 어젠다 및 회의록을 만드는 등 서로 간의 거리를 일부러 유지하는 스타일을 선택한 것이 주효했습니다.

포인트는 네 가지입니다.

- 카페나 파워포인트로 아이를 꼬드긴다.
- 금전 사정도 오픈한다.
- 사춘기에는 일정한 거리를 둔다.
- 가족끼리 철저하게 논리적으로 말한다.

이렇게 정리해보니 나카가와 부부는 처음부터 끝까지 아들이 편안하게 느낄 수 있는 거리감을 중시하면서 소통을 했다는 것을 알 수 있었습니다.

가사 분담을 기본 테마로 삼아 역할을 분담하고 의견을 교환하는 가운데 가족의 거리가 가까워졌습니다.

사춘기가 와도 부모가 태도를 바꾸지 않고 논리적으로 이야기를 하면서 아이의 의견과 마음을 존중했습니다. 이런 자세를 유지하여 가족의 유대가 심화되고 아이가 자립할 수 있었습니다.

7장 와카이 가족

꿈을 위해 어떻게 움직일까?

장래를 내다보는 인생 플랜 회의

가족 구성

*2022년 당시 나이

아빠 글렌
엄마 기미
딸 시에라(22세)

7장
와카이 가족

　이제까지 다양한 가정의 가족회의를 살펴봤습니다. 그 밖에도 제가 취재한 멋진 가족이 많지만 이 책에서는 마지막으로 와카이 가족을 소개하겠습니다.

　와카이 일가는 하와이에 살고 있습니다. 글렌 씨는 일본에서 태어나 보육원에서 자랐고 미국인 부부에게 입양되어 하와이로 갔습니다. 일본계 미국인으로 자라 현재는 하와이주 상원의원입니다.

　기미 씨는 일본에서 태어나 15세에 혼자 하와이로 건너갔습니다. 비즈니스 컨설팅 사업을 운영하는 기미 씨는 십몇 년 전에 글렌 씨와 만나 아이를 데리고 결혼했습니다.

기미 씨의 딸 시에라는 현재 22세입니다. 캘리포니아 대학교를 졸업하고 현재는 하와이로 돌아왔습니다.

저는 고등학생 때 미국에 살았는데 주변 고등학생들이 교사나 부모님에게 자신의 의견을 당당하게 이야기하는 경우가 많아 놀라곤 했습니다.

친구들끼리 있을 때도 "장래 희망은 이거야. 왜냐하면 나는 이런 성격이라 이런 일을 잘하니까. 그래서 진로를 고려해 지금 이 아르바이트를 하고 있어"라는 이야기를 종종 들었습니다.

단순히 문화 차이일까요? 좋은 대학교에 진학하고 좋은 직장에 들어가기 위해 공부하라는 소리를 듣는 일본 고등학생과 자신이 좋아하는 길을 가고 싶다고 주장하는 미국 고등학생의 너무 다른 모습에 충격을 받았습니다.

이런 경험이 있어서인지 다른 나라의 가족회의도 살펴보고 싶었던 차에 와카이 일가를 소개받아 장대한 가족회의에 놀라고 왔습니다.

부부가 양육관을 조율한다

"가족회의는 저희 삶에서 빼놓을 수 없어요" 기미 씨가 강조했듯이 와카이 가족은 세 명이 함께 살기 시작한 직후부터 당연하게 가족회의를 열었습니다.

가족회의를 하게 된 커다란 이유는 국제결혼이었기 때문입니다. 기미 씨는 미국 생활을 오래 하기는 했지만 어디까지나 일본인입니다. 사고방식이나 생활 습관이 미국 스타일인 글렌 씨와는 다릅니다. 일본 가정에서는 굳이 말을 안 해도 누구나 아는 것을 글렌 씨는 전혀 몰랐지요.

"매일 밤 욕조에 들어가는 건 물 낭비라는 글렌에게 목욕이 얼마나 몸에 좋은지 일일이 자세하게 설득해야 했어요"

처음에는 생활 습관 차이로 부딪치는 일도 있었다고 합니다. 자주 부딪치는 가장 큰 이유는 육아였습니다.

하지만 두 사람의 육아관이 크게 다르지는 않았습니다. 부부 모두 시에라가 '스스로 생각하고 행동할 수 있는 사람'이 되기를 바랐습니다. 현재 일본에서도 자율성을 함양하는 교육이 요구됩니다.

다만 글렌 씨는 미국인인 자신과 일본인인 아내는 접

근법이 달랐다고 설명했습니다. 글렌 씨는 아내가 가진 일본인 특유의 배려심과 상냥함을 존중하지만 육아에서는 조금 매정하게 실패하도록 두는 것이 중요하다고 합니다.

"예를 들어 딸이 도시락을 두고 갔을 때 제가 가져다주려 했더니 남편이 몹시 반대했어요. '잊은 건 본인이니까 어떻게 할지 스스로 생각해야 해'라고 하더라고요. 하지만 저는 '아무것도 안 먹었을 텐데 오후에 괜찮을까?' 하고 걱정했지요. 참다못해 직장에서 피자 주문을 해서 배달로 학교까지 보냈다가 글렌에게 혼이 났어요. 그래서 아이의 실패에 부모가 어떻게 관여할지, 아이가 스스로 어떻게 해결할지 세 사람이 종종 가족회의를 했어요"

만약 아이가 도시락을 두고 학교에 갔다면 저도 한숨은 쉴지언정 어쩔 수 없이 도움을 주었겠지요(피자 배달은 아니지만요). 확실히 미국인과는 정서가 다른 것 같습니다.

반면 글렌 씨는 단호하게 NO입니다. 공복을 참든지, 친구와 점심을 나누어 먹든지, 용돈으로 매점 간식을 사 먹든지 지혜를 짜내어 자신의 실패에 책임을 지는 것이 중요하다고 합니다.

부부간에 '기회를 주는 것이 아이를 위한 일'이라는 방침을 공유하고 시에라에게도 이를 계속 전했습니다.

물론 글렌 씨가 자신의 의견만 밀어붙인 것은 아닙니다. 아이의 장래를 위해서 왜 그렇게 해야 하는지, 일상적으로 어떻게 생각하고 행동하면 좋을지 가족회의에서 몇 번이나 의논했다고 합니다.

작은 꿈이 인생 지침으로

와카이 가족은 선택의 기로에서 '인생회의'를 열었습니다. 인생회의는 시에라가 3세였을 때부터 시작했습니다. 당시에는 모녀 두 사람이 실시했지요.

"크면 뭐가 되고 싶어?" 아이에게 이런 질문을 하는 부모가 많습니다. 아이의 흥미, 관심, 특기는 무엇인지 작은(솔직히 말하면 커다란) 기대를 담아 장래의 지도를 그리고 싶어 합니다.

어린 시에라는 귀여운 대답을 내놓았습니다.

"공주가 되고 싶어"

"영국의 커다란 집에 살고 싶어"

여기까지는 흔한 대화입니다.

기미 씨는 기다란 종이를 갖고 와서 장래 목표를 '공주님 되기', '영국에 살기'라고 적었습니다. 그러고는 이렇게 물어보았습니다.

"그렇구나. 외국에서 살기 위해서 지금부터 할 수 있는 일이 있을까?"

외국에 살기 위해 지금 할 수 있는 일? 3, 4세 아이가 이런 질문에 대답할 수 있을까요? 하지만 기미 씨는 이렇게 말했습니다. "아이는 아직 어렸지만 자신만의 방식으로 정확하게 설명했어요"

"친구를 많이 만들면 언젠가 영국에도 갈 수 있을 거야"
"그럼 친구를 많이 만들려면 어떻게 해야 할까?"
"음, 유치원에 갈 거야"

기미 씨는 아이들이 나름대로 논리 있게 대답한다고 합니다.

처음에는 작은 목표여도 상관없습니다. 꿈을 위해 할 수 있는 일을 계속 물어보고 연령별로 목표를 바꾸어 나가면 결국 꿈은 실현 가능한 인생 지침이 됩니다.

글렌 씨도 기미 씨의 견해에 공감했습니다. 세 명이

가족을 꾸렸어도 여전히 인생회의는 가족회의의 고정 테마였습니다.

장래 희망 '스파이'를 있는 힘껏 응원?

초등학교 고학년이 되었을 때 시에라는 인생회의에서 장래 희망을 'CIA에 들어가기'로 결정했습니다. CIA는 미국 중앙정보국입니다. 미국 영화에 자주 나오는 곳이지요.

"꿈을 위해 대학원에도 가고 싶어. 외국어를 복수 전공할 거야"

"가고 싶은 고등학교와 대학교에 들어갈 수 있도록 초등학교 때부터 전과목 A 성적을 받을 거야"

시에라는 차례차례 목표를 설정했습니다. 실제 학교에서도 예전보다 열심히 공부와 운동에 매진했습니다.

부모님은 시에라의 모습에 뿌듯하면서도 CIA라는 이야기를 듣고 솔직히 당혹스러웠다고 합니다.

"뭐? 스파이가 된다고? 이런 생각이 들었지요. 위험하기도 하니까 걱정했어요" 기미 씨는 당시의 기억을 떠올리며 미소를 지었습니다.

스파이가 되고 싶은 이유는 여러 나라에 갈 수 있고 남들이 모르는 비밀을 알 수 있기 때문이었습니다. 부모 입장에서는 "그런 일은 스파이가 아니어도 할 수 있지 않을까?" 하고 말을 건네고 싶은 마음이 굴뚝 같지요.

하지만 두 사람은 아이의 꿈을 절대 부정하지 않겠다고 다짐했습니다. 아이가 몰입할 때 반대하는 건 역효과를 낳기 때문입니다.

"부모가 할 일은 아이의 길을 정하는 게 아니라 아이가 정한 목표를 온 힘으로 서포트해주는 것이니까요" 글렌 씨가 이렇게 대답했습니다.

글렌 씨는 워싱턴 D.C.에 출장을 갈 때마다 딸에게 부탁받은 국제스파이박물관 자료를 샀습니다. 또한 중학생이 된 시에라를 데리고 CIA 강연회에 참석하는 등 전적으로 응원하는 자세를 취했습니다. 시에라는 스파이 굿즈를 구입할 자금을 모으기 위해 열심히 집안일을 도왔습니다.

아이가 품은 꿈과 부모가 그리는 이상적인 미래가 다를 경우 부모는 어디까지 계속 응원해야 하는지 조금 불안해집니다. 글렌 씨는 이 지점에서 다시 가족회의를 활용했습니다.

가족회의로 아이의 세계관을 넓히자

하와이주 의회가 시작되면 글렌 씨는 매일 같이 심야에 귀가합니다. 기미 씨는 회사 경영인으로서 몹시 바쁜 나날을 보냅니다. 시에라도 중학생이 되자 여유가 없어져 세 명이 얼굴을 맞대고 자세히 이야기를 나눌 시간이 줄어들었습니다.

그래서 아침 식사 등 막간을 이용해 와카이 가족은 짧은 가족회의를 실시했습니다. 이때 주요 테마는 '일'

이었습니다.

글렌 씨는 아이가 스스로 정한 길을 부모가 온 힘을 다해 응원할 수밖에 없다고 했지만 동시에 '안전망을 깔아두는 것도 중요하다'고 합니다. 여기서 말하는 안전망이란 CIA 이외에도 세상에는 여러 직업이 있다는 것을 전달하는 일입니다.

우선 두 사람은 자신들의 직업과 역할을 설명했고 때로는 "너라면 이럴 때 어떻게 생각할 것 같아?"라고 물으며 시에라에게 의견을 구했습니다.

의원으로서 하와이 주민들에게 어떻게 공헌할 수 있을까?

하와이의 문제점은 무엇일까?

세계를 돌아다니며 컨설팅 업무를 하는 이유는 무엇일까?

자신과 다른 삶을 사는 사람과 어떻게 상부상조할 수 있을까?

이렇게 자신이 하는 일을 이야기함으로써 시에라의 시야를 넓히려 한 것입니다.

또한 와카이 부부는 일과는 별개로 하와이와 태평양

도서국, 아시아 개도국을 지원하는 NPO 사업 및 의료 사업 확대 자원봉사 활동을 하고 있었습니다.

자원봉사 활동에 시에라도 참여하게 되면서 주 1회 10분 가족회의는 점차 가족의 프로젝트 회의로 바뀌었다고 합니다.

어느 날 시에라의 부모님이 의료 자원 봉사차 네팔에 갔습니다. 네팔에서는 칫솔이 부족하여 충치로 치아를 잃는 아이가 많다는 사실을 안 시에라는 네팔 아이들에게 칫솔을 기부하고 싶다는 묘안을 내서 가족회의의 테마로 내걸었습니다.

"어떻게 기부 칫솔을 모을까? 네팔의 어디로 보내면 많은 아이들에게 배부할 수 있을까? 다음 회의 때까지 자세한 플랜을 짜봐" 기미 씨가 제안했습니다. 기본적으로 시에라가 아이디어를 스스로 생각하여 다음 회의에 보고하도록 했습니다.

"어느 날 딸이 지역사회에서 치과의사 회의가 열린다는 소리를 들었습니다. 학교를 쉬고 기부 칫솔을 모으러 가겠다고 하더군요. 딸이 정말 실천에 옮기려 하는구나 싶어서 제가 데려갔어요" 글렌 씨가 이야기했습니다.

시에라는 미리 만든 팸플릿을 나누어 주며 의사들에게서 칫솔을 기부받으려 했습니다. 하지만 처음에는 아무도 상대해주지 않았습니다. 글렌 씨는 엉겁결에 울음을 터뜨린 딸의 모습을 회의장 뒤에서 가만히 지켜보았습니다.

"가슴이 아팠어요. 하지만 그때 돕는 건 아이에게 도움이 되지 않아요. 결국 시에라가 포기하지 않고 제안을 하니 여덟 명 정도가 공감해주었죠"

그 이후 시에라는 무려 3,000개의 칫솔, 치실, 가루치약 기부를 성사했습니다. 중학교 기말고사가 있어 시에라는 하와이에 남았지만, 대신 양치 계몽 비디오를 만들어 네팔로 향하는 부모님에게 맡겼습니다. 부모님은 무사히 깊은 산속 마을에서 비디오를 상영하고 아이들에게 칫솔을 전했습니다.

독자 여러분, 이제는 스케일이 너무 크고 글로벌해서 따라 하기 어렵다고요? 물론 그렇습니다. 다만 미국의 상원의원이 아니더라도, 회사 경영인이 아니더라도 부모가 하는 일과 가치관을 전할 순 있습니다.

예를 들어 저는 아이들에게 취재를 통해 만난 사람들의 다양한 삶의 방식을 알려주거나, 학부모 교사 연합회 활동 등을 통한 지역사회 연대의 의미를 아이들과 함께 생각해볼 수 있습니다.

만약 아이가 네팔에 기부하고 싶어 한다면 어떤 방

법으로 기부해야 가장 효과적일지 같이 조사하고 의논하는 건 충분히 할 수 있습니다. 쉬운 일은 아니지만요.

무엇보다 제가 와카이 부부에게 감탄한 점은 노력을 아끼지 않는다는 것입니다.

꿈은 무엇이든 여러 번이든 바뀌어도 돼

"꿈과 목표는 바뀌어도 돼. 다만 꿈을 위해 지금 어떻게 행동해야 할지 스스로 생각해봐" 기미 씨는 시에라가 어렸을 때부터 계속 당부했습니다.

부모의 일이나 자원봉사 활동을 알게 되고 지역 주민들과 연대하여 프로젝트를 실시하면서 시에라의 목표도 변화했습니다.

스파이라는 꿈은 더 이상 입 밖으로 꺼내지 않았고 대신 남을 도와주고 싶다고 말하기 시작했습니다. 이는 구체적으로 의사라는 꿈으로 변했고 시에라는 다시 인생 플랜을 고쳐 썼습니다.

이 이야기를 듣고 '원래 부모가 대단한 일을 하니까 잘 자란 거야', '의사를 목표로 하니까 부모는 만족하겠네'라고 생각하는 사람이 있겠지요.

하지만 글렌 씨와 기미 씨는 의사라는 시에라의 꿈이 도중에 좌절되어도 딱히 상관없다고 합니다. 어떤 길로 나아가든 시에라가 자신다운 모습으로 살아갈 수 있다는 걸 알기 때문입니다.

"결국 스파이든 의사든 뭐든 상관없는 것 같아요"

자신이 세운 목표를 향해 행동할 수 있는 사람이 되기를.

자신의 꿈을 위해 내일 실천해야 할 목표를 찾기를.

두 사람은 이런 소망을 안고 가족회의를 해왔습니다.

몇 년 후 시에라는 부모 곁을 떠나 캘리포니아 명문 대학교 UCLA에 진학했습니다. 생물학을 전공한 시에라는 2021년 봄 유례가 드문 우수한 성적으로 다른 학생보다 빨리 졸업했습니다.

지금은 코로나19가 유행하기도 해서 하와이로 돌아가 메디컬 스쿨(의학전문대학원) 수험 준비를 하면서 하와이 종합병원에서 오피스 매니저로 근무하고 있습니다. 또한 UCLA 대학병원에서도 온라인으로 진료 차트 기록 및 환자 가족 서포트 등의 업무를 겸임하고 있다고 합니다.

부모라면 누구나 아이가 장래에 날개를 펴고 크게 활약하기를 바랍니다. 하지만 중요한 점은 우선 아이의 의사를 존중하는 것입니다. 설령 아이의 꿈이 부모의 희망과 달라도 응원하고 동시에 부모의 삶과 생각도 말로 전해야 합니다. 이러한 작은 대화가 쌓이면 아이의 행동이 달라질 것입니다.

"시에라는 배려심이 많고 밝아요. 우리 두 사람의 장점을 모두 지니고 있어요." 딸을 침이 마르도록 칭찬하는 글렌 씨와 기미 씨를 보니 마음이 포근해졌습니다.

아이가 원래 가진 빛을 그대로 인정하고 응원하는 것. 이것이 바로 가족회의가 가족에게 주는 가장 큰 선물이 아닐까요?

저도 아이를 있는 그대로 응원하고 사랑한다는 말을 전하는 부모이고 싶습니다.

와카이 가족에게 배울 점

'인생 플랜 회의'를 비롯한 와카이 가족의 회의는 매우 논리적입니다.

우선 기다란 종이 맨 마지막에 몇 살 때 무엇을 하고 싶은지 적고 연령을 거슬러 올라가면서 '그 시점에 해야 할 일'을 아이가 생각하게 합니다.

어떤 목표라도 지금부터 노력하면 이룰 수 있다고 전하기 위해 어른은 아이의 꿈을 긍정하고 온 힘을 다해 서포트합니다.

- 아이가 목표를 설정하도록 하기
- 어떤 꿈이라도 반대하지 않고 서포트하기
- 실패할 기회를 빼앗지 않기
- 부모의 생각도 확실하게 설명하고 전달하기

와카이 가족은 다른 문화에서 자라 '가족이라면 당연히 공유하는 공통 인식'이 전혀 없었기 때문에 일부러 말로 표현했습니다. 그리고 서포트는 하지만 부모가 아이의 실패 뒤처리를 하지 않았습니다. 힘들고 까다로운 일이겠지요. 하지만 분명 아이의 자립을 촉진하고 사회 참여를 강화하는 기반이 될 수 있습니다.

  다시 한번 아이의 목소리를 정성껏 들어야겠다고 다짐하게 만든 가족이었습니다.

최종장 다마이코 가족

가족을 더욱 사랑하자

가족 구성

아빠 아키히로
엄마 야스코
아들 다몬(12세)
딸 하스미(10세)

최종장
다마이코 가족

 이제 가족회의 여정도 끝에 다다랐습니다. 매번 다른 가정의 가족회의를 취재할 때마다 '이 가족 정말 멋지다'고 생각하면서 동시에 '다들 가족과 대화하는 것을 제일 힘들어하는구나'라고 느낍니다.

 아이러니하게도 서로 소중하게 여길수록 더욱 부딪치거나 싸우게 됩니다. 그러니 소중함을 잃지 않기 위해서는 대화를 계속 나누려는 노력을 해야 합니다.

 저는 이제까지 작가라는 직업상 몇천 명의 사람을 취재해왔습니다. 일로 처음 알게 된 사람에게 이야기를 들을 때는 아무리 가치관이 달라도 흥미롭고 즐겁게 들을 수 있습니다. 하지만 가족에게는 좀처럼 그렇게 하지 못합니다.

이는 정서적 거리 차이가 있기 때문이라는 생각이 듭니다. 가족에게는 아무리 조심해도 본인이 그리는 이상과 기대를 밀어붙입니다. 가족과 자신은 다른 존재인데 마치 자기 자신처럼 느끼지요.

저에게 가장 마음을 열고 속을 터놓기 어려운 대상은 가족이었습니다. 가족과 자신은 다른 존재라는 걸 알았지만 이를 받아들이기 두려웠습니다.

그래서 굳이 가족회의 자리를 마련하여 부모와 자녀가 타인처럼 의견을 내놓는 데 도전했습니다. 시행착오를 거치면서 때로는 실패했지만 가족회의를 즐기는 많은 분의 이야기를 들은 덕분에 우리 가족도 다시 대화를 이어나갈 수 있었습니다.

가족이니까 상대의 마음과 생각을 다 알고 있다고 여기지 않고 말로 제대로 표현해야 합니다. 생각이 달라도 되고, 틀려도 됩니다. 그렇게 조금씩 서로를 인정하면 소통이 더욱 원활해질 것입니다.

우리 집에서는 예를 들면 아이가 친구와 싸웠을 때, 아들이 소속 야구팀을 옮기기로 했을 때, 학교에 가기 괴로울 때, 코로나19로 불안이 쌓였을 때 등 대부분 아이에게 무언가 말끔히 정리할 수 없는 감정이 쌓일 때 가족회의를 여는 경우가 많았습니다.

가족회의를 열어서 해야 할 일들은 대체로 이렇습니다.

우선 과제를 안고 있는 아이에게 지금의 감정과 상황을 물어보는 것

감정과 상황을 화이트보드나 종이에 적는 것

형제가 참여하는 경우 형제의 시선에서 본 상황과 의견을 듣는 것

물론 문제가 곧바로 해결되지 않고 같은 테마를 반복하는 경우도 있습니다. 그러나 속마음을 한바탕 꺼내 보이면 아이들은 각자 평범한 일상으로 돌아갈 수 있습니다.

평소에는 싸우기만 하는 남매지만, 옆에서 여동생의 고민을 듣다가 오빠 입장에서 조언해주는 경우도 있었습니다. 가족만으로 해결할 수 없는 일은 시간을 들여 학교와 주변의 도움을 얻어 상황을 바꿀 수 있도록 행동했습니다.

가족회의를 하면서 기뻤던 점은 아이 이야기를 숨김

없이 의논하다 보니 이전보다 부부 소통이 늘었다는 것입니다. 아이의 상황을 공유하면서 육아에 대한 인식과 참여도도 커졌습니다. 또한 말하고 싶지만 전하지 못하는 딜레마에 빠져 싸우는 경우도 줄어든 것 같습니다.

"당신은 어떻게 생각해?"
"나는 이렇게 생각해"
"이렇게 하면 더 좋아질 거야"

조금이라도 좋으니 말로 전해야 닿습니다. 그리고 상대방을 더 알고 싶어 귀를 기울이면 새로운 발견을 할 수 있습니다. 우리 집에서는 이런 마인드가 싹을 틔웠습니다.

딸이 2년 후에 털어놓은 속마음

딸이 여섯 살이었을 때 긴급회의를 열었습니다. 2년 전만 해도 함께 살다가 먼 곳으로 이사를 가버린 조부모와 다시 같이 살고 싶다며 딸이 틈만 나면 말을 꺼냈습니다. 긴 휴가 때마다 만나러 갔고 거의 매일 영상 통

화도 했는데 말이죠.

하지만 딸은 더 이상 못 참겠다는 듯 긴급 가족회의를 하자고 제안했습니다.

"나 화났어. 할아버지, 할머니, 아빠, 엄마한테 전부. 이사를 어른들끼리 정했으니까. 어린이집 다녀왔을 땐 이미 할아버지, 할머니가 없었어" 딸이 심각한 표정으로 말했습니다.

눈물 바람으로 헤어지는 게 힘들다며 조용히 떠나고 싶다는 할머니의 희망에 따라 아이들이 학교와 어린이집에 갔을 때 이사했습니다. 등원 전 작별 인사를 했을 때 딸은 그다지 울지 않았고 손을 흔들며 어린이집으로 갔습니다.

하지만 하원 후 조부모가 없는 텅텅 빈 집에 들어가자 딸은 눈을 크게 뜨고 그 자리에 선 채 꿈쩍도 하지 않았습니다. 이제까지 여섯 명이 둘러앉았던 식탁이 휑하니 비어 있어 몹시 쓸쓸해했습니다. 아들이 "끝말잇기라도 할까!" 하고 동생에게 미소를 되찾아주려 했던 기억이 납니다.

그때 소리를 지르고 큰 소리로 울지 않았기 때문인지 딸의 마음에 깊은 상처가 남았습니다. 그 상처를 2년이 지난 지금에서야 말로 표현한 것입니다.

"나도 쓸쓸했어" 아들도 옆에서 한마디 했습니다.

"미안해"

중요한 일을 어른들이 멋대로 결정해서 미안하다고 아이들에게 사과할 기회를 이제야 얻을 수 있었습니다.

그리고 아이들은 봄 방학에 남매끼리 기차를 타고 할아버지, 할머니를 보러 가고 싶다는 소원을 이야기했습니다. 아직 초등학생이 된 지 얼마 안 된 아들과 어린이집에 다니는 딸 둘이서만 가는 여행이라니, 걱정이 태산 같았지요. 하지만 다섯 시간 걸려 도착한 역 플랫폼에서 할아버지와 할머니를 발견하고 얼굴 한가득 미소를 지으며 펄쩍펄쩍 뛰는 아이들의 사진을 받았을 때는 가슴이 뭉클해졌습니다.

이후에도 몇 번이나 조부모가 사는 마을에 다녀왔습니다. 연이 없었던 마을이 이제는 아이들에게 매우 소중한 장소가 되었습니다.

 3년이 흐르고 여러 사정이 바뀐 뒤 우리 가족은 다시 조부모와 가까이 지내기로 했습니다. 가족회의에서 아들이 어른스러운 말투로 이렇게 말했습니다. "6명이 함께 사는 건 여러 가지로 힘드니까 대신 걸어서 10분 거리에 살았으면 좋겠어"

 언제나 아이의 소원을 곧바로 이루어줄 수는 없습니다. 하지만 가족회의에서 아이가 꺼낸 속내는 줄곧 마음 한편에 남아 있었습니다. 그리고 중요한 결정을 할 때 아이의 의견을 선택지에 포함했습니다. 이번에는 다행히 타이밍이 맞아 아이의 소망을 이루어줄 수 있었습니다.

친정에서 첫 가족회의

부모님과 가까이 살기로 최종 결정했을 때 친정 식구들과 처음으로 가족회의를 했습니다. 부모님과 오빠, 저 이렇게 네 명으로 구성된 회의였습니다.

성인이 된 후에도 자주 교류를 했지만 여전히 얼굴을 맞대고 심각한 이야기를 나눌 수 있는 관계는 아니었습니다. 항상 잡담이 주된 대화 내용이었습니다. 그래도 나쁠 건 없다고 생각했습니다.

하지만 남매 중 누가 고령이 된 부모님 근처에 살아야 하는지, 부모님은 어떻게 생각하는지, 새언니나 제 남편은 어떻게 생각하는지 커다란 변화를 앞두고 다시 한번 함께 대화하는 게 좋겠다 싶어서 설 연휴에 친정 식구가 한자리에 모였을 때 "우리 이야기 좀 할까?" 하고 모두에게 제안했습니다.

남매가 집을 나온 지 벌써 20년 이상 흘렀습니다. 새삼스럽게 친정 식구에게 마음을 전하는 건 부끄러움을 넘어 두려움 그 자체였습니다. 다른 식구들도 마찬가지였습니다.

"무슨 이야기?"

"일단 이사하기로 동의했는데 굳이 또 이야기 안 해

도 되지 않아?"

다만 저는 주로 아빠의 마음을 듣고 싶었습니다. 엄마와는 평소에도 전화로 이야기를 나눕니다. 이사에 대해서도 시간을 들여 논의해왔습니다. 하지만 아빠에게는 엄마가 이야기를 전했고 이견이 없다는 아빠의 대답을 건너 들었습니다. 오빠는 본인 집 근처로 모셔도 된다고 말하기는 했지만 부모님이 원하는 대로 하자며 한발 물러섰습니다.

각자 의견을 말하긴 했지만 왠지 서로 "실제 상대방은 어떻게 생각할까?"라는 고민을 하는 것 같았습니다. 적어도 전 누군가의 마음을 외면한 채 크나큰 결단을 내리고 싶지 않았습니다.

딸이 이사한 지 2년이나 지나서 어른들이 멋대로 결정해서 외로웠다며 가족회의에서 울었던 것 같은 일은 없기를 바랐습니다.

속마음을 말로 표현하는 데 익숙하지 않은 가족이기 때문에 어떻게 생각하냐고 물어보는 데에는 에베레스트산만큼이나 거대한 벽이 있었습니다. 대화가 필요하다고 느끼는 건 나밖에 없다는 두려움도 있었습니다.

거실 테이블에 둘러앉아 각자 이사에 대해 어떻게 생각하는지 조금씩 말하기 시작했지만, 서로 배려해서 그런지 좀처럼 이야기가 진전되지 않았습니다. 분위기가 무르익지 않았지요.

"새삼스럽게 얼굴 맞대고 이야기 안 해도 될 것 같은데?" 결국에는 잠자코 있던 아빠가 TV를 틀었습니다. 예상한 대로입니다. 하지만 저는 할 말이 남아 있었습니다.

"난 아빠와 엄마가 근처에 와주면 안심될 것 같아. 하지만 아빠나 엄마, 오빠가 다른 선택을 하고 싶다면 꼭 우리 집 근처에 살아야 하는 건 아니야. 다들 어떻게 생각해? 아빠, 우리 집 근처에 사는 게 싫으면 이야기해줘" 과감하게 질문을 던져봤습니다. 질문을 하는 것만으로도 목소리가 떨립니다. 왜 이렇게 무서울까요?

"딱히 싫진 않아"

아빠는 TV에 시선을 고정한 채 차를 마시며 평범한 말투로 대답했습니다. 오빠도 "나도 딱히 반대하진 않아. 너희 집 식구들이 좋다면 우리도 좋지"라고 하며 찬성 의사를 밝혔습니다.

"하스미도 할머니와 살고 싶다고 계속 이야기했으니까" 엄마도 말을 이어갔습니다.

"그러면 봄 무렵으로 정해두고 준비하는 걸로… 괜찮지?" 조심스럽게 말하자 친정 식구 모두 한결같이 대답했습니다.

"괜찮지 않아?"

"좋아"

"괜찮아"

"이걸로 끝. 앞으로 잘 부탁해"

거의 다 결정된 일을 확인하는 것뿐인데 우스울 정도로 다들 긴장했습니다. 그리고 분위기가 풀리면서 가족회의는 막을 내렸습니다.

쑥스럽고 진지한 분위기가 감쪽같이 사라지면서 가족들은 전혀 다른 화제로 시끌벅적 떠들기 시작했습니다. 전 식은땀을 흘렸지만 한편으로 딱히 싫진 않다는 아빠의 대답을 듣고 기뻐서 눈물이 날 것 같았습니다. 그렇게 무사히 이사가 결정되었습니다.

가족에게 마음을 이야기하는 것뿐인데 왜 이렇게 긴장될까요? 친정 식구 가족회의를 통해 새삼 의문이 생겼습니다. 대답은 '익숙하지 않아서'인 것 같습니다.

아이가 어릴 때부터 무엇이든 말할 수 있는 토대를 만들어두는 것, 서로 생각을 편하게 이야기하기 위해 마음의 장벽을 낮추어두는 것이 중요합니다.

가족회의가 더 이상 필요 없어지는 게 최종 목표

한편 가족회의를 언제까지나 계속할 필요는 없는 것 같다는 생각도 들었습니다. 후반부에 소개한 가족이 그랬듯이 회의를 어느 정도 계속하다 보면 자연스럽게 없어지는 경우가 많습니다.

우리 가족도 예외는 아니었습니다. 이제는 새로운 가족회의를 거의 열지 않습니다. 다만 식탁에서 밥을 먹다가, 일상을 지내다가 사소한 일부터 중요한 일까지 필요하면 무엇이든 이야기할 수 있는 분위기로 바뀌었습니다.

　힘든 일이 있으면 서로 들어준다.
　가족과 관련된 문제는 아이에게도 의견을 묻는다.
　어른이 답변을 결정하지 않는다.
　아이가 좋아하는 일을 응원한다.
　사회 문제와 뉴스에 대한 의견을 교환한다.

　자연스럽게 이런 일들이 가정 내에서 이루어지고 있습니다.
　처음에는 가족회의가 원만하게 흘러가지 않을 수 있습니다. 애초에 필요하지 않은 가족도 있겠지요. 가족회의를 한다고 해서 문제가 사라지지도 않습니다.
　하지만 무슨 일이 있을 때마다 "너는 어떻게 생각해? 나는 이렇게 생각해"라는 대화를 주고받는 것이 중요합니다. 가족이라는 작은 사회에서 자신의 의견을 가지고 상대방의 목소리를 들을 수 있다면, 분명 어디서든 타인과 의견을 교환할 수 있을 것입니다.
　또한 부모가 길을 마련해주지 않고 뒤에서 가만히 지켜보면서 때로는 서포트해주는 인내와 용기를 지닌다면 아이는 스스로 나아가야 할 길을 찾을 수 있을 것입니다.

    우리 집 이야기로 잠시 되돌아 가겠습니다. 떼쓰기가 심해 감당하기 어려웠던 아들은 이제 중학생입니다. 스포츠와 정치를 좋아하는데, 흥미가 있는 분야에 쏟는 집중력은 부모가 봐도 놀랄 정도로 높습니다(물론 빈둥거리는 것도 천재적이지만요).

    지금도 가끔 아들의 마음속에서 옛 친구 '울컥이'가 크게 부풀어 오를 때가 있습니다. 하지만 되도록 빨리 울컥이가 작아질 수 있도록 나름대로 노력합니다. 어릴 적 마음속에서 날뛰던 커다란 에너지를 원동력 삼아 좋아하는 일에 매진하거나 자신만의 세계관을 만들려고 합니다.

    어느 날 학교 선생님에게 이런 이야기를 들었습니다. "모두의 의견을 잘 정리하고 자신의 생각을 논리적으로 이야기할 수 있는 학생이에요"

    어찌나 자랑스럽고 기쁘던지! 기분이 들떠 "가족회의 덕분인 것 같아"라고 말했더니 아들은 매정하게 "아니, 타고난 건데"라고 대답하더군요. 어깨에서 힘이 빠졌지만 그래도 괜찮습니다.

    하고 싶은 말을 제대로 하지 못했던 아이가 이제는 '

의견을 잘 표현할 수 있는 타고난 능력이 있다'는 자신감을 갖게 된 것 자체가 기뻤습니다.

섬세한 면이 있는 딸은 항상 가족회의에서 가족의 마음과 감정을 다루길 원했습니다. 무서운 일, 슬픈 일을 공유하고 싶을 때 가족회의를 열고 싶어 했지요. 이때 회의의 중점은 문제 해결보다는 이런 말을 해주는 것이었습니다.

"그 마음 이해해"

"부정적인 감정이 드는 건 당연한 일이야"

"모두와 같지 않아도 돼"

현재 딸은 그림을 그리거나 공작 활동을 하고 조류 사진을 찍고 옷을 만듭니다. 자신이 바라보는 아름다운 세상을 더욱 아름답게 표현할 수 있는 아이로 자랐습니다.

가족회의가 있어서 아이들이 잘 성장했는지는 모르겠습니다. 다만 제가 가족회의로 구원받은 건 사실입니다. 아이를 자신과는 다른 존재, 가능성이 충만한 별도의 존재로 인식함으로써 각자의 성격과 개성을 존중할 수 있었습니다.

가족회의의 효과를 곧바로 느낄 수는 없습니다. 하지만 계속하다 보면 가족의 형태가 분명 변화할 것입니다. 그리고 가족을 더욱 사랑하게 된다는 것만은 확신

할 수 있습니다.

맺음말

"가족회의를 해서 좋았던 점은 무엇인가요?"
 이번에 책을 쓸 때 예전에 취재에 협력해준 가족들에게 다시 질문을 던졌습니다.

 가족과 함께 있는 게 편해졌다.
 가족은 더 이상 괴로운 존재가 아니다.
 아들과 차분히 대화를 할 수 있게 되었다.
 아이의 마음이 보이기 시작했다.
 부부 싸움이 줄었다.
 부부 대화가 늘었다.

가족과 침착하게 이야기할 수 있다.

부모 자녀 간에 대화하는 것만으로도 행복을 느낀다.

모두 공감이 가는 대답입니다. 어떤 가족이든 회의를 시작한 계기가 있을 것입니다. 대부분 어쩔 수 없는 사정이 있고 해결되기를 바라는 소통 문제가 있습니다.

어떻게 하면 사이가 더욱 좋아질까?

어떻게 하면 싸움이 줄어들까?

어떻게 하면 솔직하게 이야기할 수 있을까?

절실한 마음으로 소통 문제를 마주하는 용기 있는 가정의 이야기를 들으면 저도 가족과 더욱 소통하고 싶어집니다.

가족이라는 연을 맺은 사람들. 함께 지내는 시간이 길다고 해서 서로를 쉽게 이해할 수 있는 건 아닙니다. 하지만 약간의 노력과 아이디어로 대화가 더욱 즐겁고 재밌어질 수 있습니다.

사회의 최소 단위는 가족입니다. 가족이라는 사회를 폐쇄적이고 어둡게 만들지 않고 더 개방적이고 바람이 잘 통하는 쾌적한 장소로 만들어간다면 아이들은 분명

또래 그룹, 학교, 미래에 나아갈 더욱 커다란 사회에서도 다양한 가치관을 받아들이면서 자율적으로 생각하고 행동할 수 있지 않을까요?

부모가 만들어 놓은 번듯한 길 위를 달린다고 해서 아이들이 반드시 행복해진다고 할 수는 없습니다. 지금 시대에는 미래를 예측하기가 힘들지요.

다만 아이가 자신의 생각에 자신감을 갖고 발언할 수 있는 사람이 되는 게 행복의 밑거름임을 확신합니다.

이제까지 대화를 보여준 가족회의 동료들에게 진심으로 감사드립니다.

여러 회의를 관찰한 덕분에 저는 가족 대화의 중요성, 즐거움을 실감할 수 있었습니다. 싸워도, 의견이 엇갈리더라도, 반항기가 찾아와도 이전처럼 두렵지 않습니다. 다시 대화하면 되지요.

가족회의의 즐거움을 책으로 전하자고 제안해 최종 지점까지 함께 달려준 뱌쿠야 쇼보의 스가누마 가나에 편집자의 도움이 없었다면 이 책은 완성되지 못했을 것입니다. 스가누마 가족의 회의가 더욱 활기를 띠기를 바랍니다!

그리고 이 책을 마지막까지 읽어주신 분들에게 감사

의 말을 전하고 싶습니다. 만약 가족회의를 해보고 싶다면 속는 셈 치고 오늘부터 가족회의를 시작해주세요.

여러분의 가족에게서 어떤 말이 나올까요?
어떤 변화가 생길까요?

기회가 있다면 부디 여러분의 이야기를 들려주세요.

지은이 다마이코 야스코

1979년 오사카 출생. 두 아이의 엄마다. 출판사 근무를 거쳐 프리랜서로 편집, 작가 일을 하고 있다. 육아 및 교육 잡지 『AERA with Baby』를 편집, 집필하고 임신과 출산, 육아, 일, 복지 등을 테마로 다양한 매체에서 기사를 쓰고 있다. 2015년경 가족과 솔직하게 대화를 한 경험을 계기로 다양한 가족의 가족회의를 취재하기 시작하여 이 책의 기반이 된 「가족회의 추천」(도요게이자이 온라인)을 집필했다. 또한 『AERA with Kids』, 닛케이 DUAL 등에 관련 기사도 다수 기고했다. NHK 「좋은 아침, 일본」에 출연하는 등 가족회의로 주목을 받았다. 워크숍도 실시 중이다.
https://tamaikoyasuko.com/

이 책은 도요게이자이 온라인 연재 「가족회의 추천」 및 『AERA with Kids』 2018년 봄호 기사를 대폭 가필, 수정, 재편집하고 일러스트를 삽입한 도서입니다.

옮긴이 서지원

한국외국어대학교 정치외교학과를 다니던 중 일본어 공부에 흥미를 느껴 이화여자대학교 통역번역대학원에 진학했다. 동대학원에서 한일번역학과 석사 학위를 받은 후 전문 번역가로 활동 중이다.

가족이지만
우리 집은
회의를 합니다

초판 1쇄발행	2023년 8월 30일
지은이	다마이코 야스코
옮긴이	서지원
교정교열	하윤정
디자인	서승연
펴낸이	서지원
펴낸곳	모노하우스
출판등록	제 2022-000282호 (2022년 10월 31일)
주소	서울시 마포구 양화로 186 LC타워 5층
전자우편	monohouse.editor@gmail.com

ⓒ 다마이코 야스코

ISBN   979-11-982723-0-0

잘못된 책은 구입하신 서점에서 교환해드립니다.